经济合作与发展组织关于来自受冲突影响和高风险区域的矿石的负责任供应链尽职调查指南

第三版

本文件及其中所包含的任何地图均不影响任何领土的状态或主权，国际边界或界限的划定，以及任何领土、城市或地区的名称。

ISBN 978-92-64-30196-2 (PDF)

图片来源：封面 ©Hemera/Thinkstock.

经合组织出版物勘误表在线链接：*www.oecd.org/about/publishing/corrigenda.htm.*

前言

  《经济合作与发展组织受冲突影响和高风险区域矿石负责任的供应链尽职调查指南》（下文简称《指南》）是首个有关来自冲突区域矿石的负责任供应链管理的倡议计划，多国政府共同支持，各利益相关方参与。其目的是帮助企业尊重人权、避免矿产采购活动助长冲突。《指南》旨在建立透明的矿产供应链以及可持续的公司参与矿业的机制，使矿产国从本国的矿产资源中获益，防止矿产开采和贸易引发冲突、侵犯人权和造成不稳定。经合组织的《指南》及有关锡、钽、钨、金等矿产的增补文件为企业提供了一份完整的指南，可籍此负责任地采购矿产资源，使矿产贸易支持和平与发展而非助长冲突。

  《指南》在制定过程中引入各利益相关方深度参与机制，其中包括经合组织和大湖区问题国际会议（ICGLR）所属的 11 个国家（安哥拉、布隆迪、中非共和国、刚果共和国、刚果民主共和国、肯尼亚、卢旺达、苏丹、坦桑尼亚、乌干达、赞比亚）、业界、民间社会以及联合国刚果民主共和国问题专家组。在《指南》及两份增补文件制定过程中，共五次召集利益相关方征询意见，其中四次会议地点在巴黎，时间分别是 2009 年 12 月、2010 年 4 月、以及 2011 年 5 月和 11 月。2010 年 9 月，大湖区问题国际会议与经合组织在内罗毕共同召开意见征询会议，巴西、马来西亚、南非等国也参加了此次会议。因此，《指南》最终做到以实际情况为导向，并强调各方采取合作的建设性的方法应对复杂挑战。

  联合国安理会第 1952 号决议（2010）[S/RES/1952(2010)]支持推进联合国刚果民主共和国问题专家组的最后报告中提出的与《经合组织尽职调查指南》一致的尽职调查建议。

  《指南》获得了经合组织投资委员会与发展援助委员会的批准。大湖区问题国际会议 11 个成员国也在 2010 年 12 月 15 日通过的《卢萨卡宣言》中认可了《指南》。2011 年 5 月 25 日，经合组织部长级理事会通过了《OECD 关于尽职调查指南的建议》（《建议》），并随后于 2012 年 7 月 17 日对其进行修订，将有关黄金的增补文件纳入其中。《建议》虽然并不具有法律约束力，但反映了经合组织成员国和非成员国共同的立场和政治承诺。

目录

图表

委员会关于《经济合作与发展组织受冲突影响和高风险区域矿石负责任的供应链尽职调查指南》的建议[1]

2012 年 7 月 17 日修订版

委员会，

参照 1960 年 12 月 14 日的《经济合作与发展组织公约》第五条 b 款之规定；

参照作为《国际投资与跨国公司宣言》一部分的《跨国企业准则》之规定；

回顾各国政府建议遵守《跨国企业准则》，促进社会发展，其共同目地在于推动负责任商业行为原则和标准的形成；

注意到负责任的矿产采购行为对发展和商业的影响；

参照 2006 年通过的以调动私人投资、支持经济的稳定增长和可持续发展为目标的投资政策框架；

回顾发展援助委员会本着避免给脆弱和受冲突影响的环境造成伤害的原则在参与弱势国家发展方面所做的工作，其中包括在 2007 年 4 月 3 日至 4 日召开的高层会议上通过了《国际社会参与弱势国家开发的原则和状况》；

回顾国际社会合作打击腐败所作的努力，包括围绕经合组织《关于打击国际商业交易中行贿外国公职人员行为的公约》和《联合国反腐败公约》所做的工作；

认识到各国政府、国际组织和企业能够各尽所能，确保自然资源贸易和投资造福整个社会做出贡献；鉴于国际社会，特别是大湖区问题国际会议在打击受冲突影响和高风险地区非法开采自然资源的行为方面所做的努力；

认识到在受冲突影响和高风险区域存在大量天然矿产资源开采活动，企业从这些地区采购或在这些地区直接开展经营活动就更有可能造成冲突；

---

1   采纳该建议时，巴西曾作出如下声明："在遵守当前《建议》的过程中，巴西认识到，《尽职调查指南》是在非洲大湖区的经验基础上制定的。巴西认为，企业在判断其他经营地区可否视为受冲突影响和高风险区域时，应对包括安理会各项决议在内的联合国相关决定加以综合考虑。"

注意到受冲突影响和高风险区域矿石负责任供应链尽职调查是指通过持续的主动预见和及时应对的程序，确保企业尊重人权，且不会造成冲突；

参照经合组织与大湖区问题国际会议共同制定、且获得投资委员会和发展援助委员会认可的《经济合作和发展组织冲突影响和高风险区域矿石供应链尽职调查指南》（后称《指南》）；

参照作为《指南》必要部分的有关锡、钽、钨、以及黄金等矿产问题的增补文件，并且注意到未来《指南》还有可能会增加有关其他矿产的增补文件；

注意到该《指南》列出了企业识别和解决实际存在的或有可能存在的风险，进而预防或降低其活动或关系形成的负面影响所应采取的步骤，同时还认识到，因个体情况和因素有别，如企业的规模、活动所在地、特定国家的情况、所涉产品或服务所属的部门及性质等，在应用《指南》时应具备一定的灵活性；

认识到与本建议附录二矿产开采、运输、贸易等环节相关的严重侵权行为，尤其是对妇女儿童的侵权，是不能容忍的；

依照投资委员会扩大会议（包括遵守《国际投资与跨国公司宣言》的非成员国）以及发展援助委员会提出的议案；

建议成员国和遵守《国际投资与跨国公司宣言》的非成员国积极敦促本国领土内，或者来自本国领土且从冲突地区或高风险地区采购矿产的企业遵守《指南》的规定，确保这些企业尊重人权，避免造成冲突，并成功地为可持续、公平、有效的发展做出贡献。

建议（尤其是）成员国和遵守《国际投资与跨国公司宣言》的非成员国采取措施，在充分考虑作为本建议必要部分的附录一和附录二中分别提出的供应链示范政策的前提下，积极支持将基于风险的矿产供应链尽职调查五步框架纳入企业管理体系；

建议成员国和遵守《国际投资与跨国公司宣言》的非成员国在经合组织的支持下，包括通过经合组织与联合国及各国际发展组织开展的各项活动，尽可能广泛宣传《指南》，并确保包括专业协会、金融机构、民间团体组织在内的其他利益相关方积极采纳《指南》；

邀请其他非成员国考虑并采纳现有的建议；

授命投资委员会和发展援助委员会对建议的实施情况进行监督，并在建议获得采纳后的三年内，以及其后适当的时间向委员会进行汇报。

《经济合作与发展组织受冲突影响和高风险区域矿石负责任的供应链尽职调查指南》

引言

在受冲突影响和高风险区域参与矿产开采和贸易的企业一方面可以为该区域带来收入、增长和繁荣，维持人们的生计，促进当地的发展另一方面也有可能造成或被牵涉入严重侵犯人权和导致冲突等重大不利影响。

本《指南》为开展全面尽职调查提供了工作框架，是矿产的负责任的全球供应链的管理基础。[1] 《指南》的目的在于帮助企业尊重人权，避免企业的采购和供应商选取决策助长冲突。通过这种方式，《指南》不仅可以帮助企业为可持续发展
做出贡献，还可以帮助他们本着负责任的态度从冲突和高风险区域进行采购，并为企业与供应商开展建设性合作创造良好条件。《指南》是要为矿产供应链及任何可能会制定的行业机制中的所有供应商和其他利益相关方提供一个通用参考，从而澄清人们对于受冲突影响和高风险区域矿产负责任供应链管理性质的预期。

本指南由各国政府、国际组织、业界、民间社会共同发起，旨在提高受冲突影响和高风险区域矿石供应链的问责性和透明度。

受冲突影响和高风险区域

受冲突影响和高风险区域的特点是存在武装冲突、大范围暴力活动或其他有害于民众的风险。武装冲突的形式多种多样，如国际冲突或非国际冲突，有可能涉及两个或两个以上的国家，也有可能是解放战争、叛乱、内战等。高风险地区是指有可能存在政局不稳或政治压迫、制度缺陷、不安全因素、民用基础设施崩溃、以及广泛暴力活动的地区。通常这类地区的特点是存在广泛侵犯人权和违反国际国内法律的现象。

矿产供应链尽职调查及其必要性

尽职调查是一个持续的主动预见，及时应对的程序。通过这一程序，能

---

1   有合理理由认为是再生金属的不在本《指南》的范畴。再生金属是指回收的终端用户产品或消费后的产品，或者是产品制造过程中产生的加工废料。再生金属包括多余、过时、残次、废弃的金属材料。这些金属材料中含有在锡、钽、钨、及/或黄金生产过程中适合回收的经过冶炼或加工的金属。部分加工、未加工的金属或其他矿石的副产品则不属于再生金属。

够确保企业尊重人权，不助长冲突。[2]　尽职调查还有助于确保企业遵守国际国内的各项法律法规，包括对非法矿产贸易进行约束的法律和联合国的制裁决议。基于风险的尽职调查是指企业为了识别和解决实际存在或可能存在的风险所应采取的步骤，从而防范或降低与其活动或采购决策相关的负面影响。

本指南中的"风险"是指对企业运营可能产生负面影响的风险，运营包括企业自身活动，也包括与供应商及供应链上其他实体等第三方之间的关系。负面影响可能包括给人造成伤害（即外部影响）、给企业带来名誉损失或法律责任（即内部影响），或者两者兼有。这种内部和外部的影响往往互相依存，外部伤害往往会带来名誉损失或法律责任。

企业通过明确其各项活动和各种关系的实际情况，并对照相关标准加以分析，从而对风险进行评估。参照的标准包括国内和国际法律、国际组织有关负责任的商业行为的建议、各种政府工具、私营部门发起的自愿行动、以及企业内部各项政策和体系等。该方法还能够帮助企业根据自身活动或供应链关系的规模开展相应的尽职调查工作。

矿产开采、贸易或处理活动本身就存在较高的产生重大负面影响的风险，如为冲突提供资金、或者是助长、推动、加剧冲突等，因此，企业的矿产供应链有可能会面临着各种风险。即便供应链的各个生产环节分散，企业所处位置独立，不受供应商的影响，企业依然无法完全避免在矿产供应链各个环节上直接造成或被牵涉而形成负面影响。因此，企业应采取合理措施，本着诚信的原则，努力开展尽职调查，从而识别、防范、或降低与矿产开采条件相关及与冲突或高风险区域供应商关系相关的任何负面影响风险。

2　经合组织(2011)，《经合组织跨国企业准则》，经合组织，巴黎；经合组织(2006)，《经合组织治理薄弱地区跨国企业风险认识工具》，经合组织，巴黎；以及《工商企业与人权：实施联合国＂保护、尊重和补救＂框架指导原则》（人权与跨国公司和其他工商企业问题特别代表报告，John Ruggie，A/HRC/17/31，2011 年 3 月 21 日）

矿产供应链

原材料进入消费市场的过程中涉及多个行为主体，通常包括开采、运输、处理、贸易、加工、冶炼、精炼及合金化处理、最终产品的生产和销售等。供应链一词是指在矿产从开采到最终成为终端消费者所需产品的过程中，其中所涉及的全部活动、组织、行为主体、技术、信息、资源、服务等所构成的体系。

实践中，企业开展尽职调查所应采取的步骤有：

- 分析与产自受冲突影响和高风险区域的矿石产品相关活动的实际情况，这些活动包括开采、运输、处理、贸易、加工、冶炼、精炼及合金化处理、生产或销售；

- 通过参照企业供应链政策中的各项标准（参见附录二，供应链示范政策）对实际情况进行分析来识别和评估任何实际或潜在的风险；

- 通过采用和实施风险管理计划防范或降低已识别的风险。这些措施有可能促使企业做出如下决策：在整个降险的过程中继续开展贸易；在持续降险的同时暂时中止贸易；因为降险措施未能发挥作用、认为降险措施不可行或无法接受风险等原因终止与供货商的关系。

谁应开展尽职调查？

本指南适用于矿产供应链上所有供应或使用来自受冲突影响或高风险区域的矿产的企业。虽然应根据企业活动和关系的具体情况实施特定的尽职调查，如企业在供应链上所处的位置等，但是所有企业都应开展尽职调查以确保企业不侵犯人权或助长冲突。

本指南认识到，在受冲突影响和高风险区域开展尽职调查存在着现实困难。这就需要在开展尽职调查的过程中具有一定的灵活性。尽职调查的性质及恰当程度依个别情况而定，而且受各种因素的影响，如企业的规模、活动所在地、特定国家的情况、所涉产品或服务所在的部门和性质等。应对这些挑战的方式多种多样，包括且不限于以下几种：

- 开展行业合作，进行尽职调查能力建设。

- 分摊行业内特定尽职调查工作的成本。

- 参与负责任供应链管理倡议活动。[3]

- 共用供应商的行业成员之间进行协调。

- 上游企业和下游企业间展开合作。

- 与国际组织和民间社会组织建立伙伴关系。

- 将供应链示范政策（附录二）和本指南具体提出的尽职调查建议纳入现有政策和管理体系以及企业的尽职调查实践之中，如采购实践、诚信、以及了解自己客户的尽职调查措施和可持续性，企业社会责任或其他年度报告等。

指南除了为企业提供一些可供参照的原则和程序之外，还就新兴行业各供应链倡议活动在努力推进冲突敏感地区负责任采购实践的过程中应当遵从的尽职调查程序和步骤提出了建议，并且能够为制定和实施全面的认证机制提供协助和补充，如大湖区问题国际会议的认证机制和各种工具等。[4]

指南的结构

本《指南》提供：1）受冲突影响和高风险区域矿石负责任供应链尽职调查的总体框架（参见附录一）；2）一套通用原则的矿产供应链示范政策（参见附录二）；3）上游企业在下游企业支持下可以考虑采用的风险降低建议措施和改进情况衡量指标（参见附录三）；4）针对锡、钽、钨及黄金供应链结构相关的挑战而定制的两份增补文件。其中，根据企业在其供应链上所处的不同位置和不同角色相应地给出了具体的尽职调查建议。使用这些矿产或其精炼金属衍生物的企业应首先参考各增补内容中列出的示警项，以决定其中所述尽职调查程序是否适用。

3　例如, ITRI 供应链倡议行动（iTSCi）；电子行业公民联盟（EICC）开展的无冲突冶炼厂计划（Conflict-Free　Smelter Program）和全球电子可持续发展倡议行动（GeSI）；无冲突黄金标准，世界黄金协会（2012）；产销监管链认证；责任珠宝业委员会（2012）；全球报告倡议组织供应链工作组（2010）。

4　参见 ICGLR 抵制非法开采自然资源的地区性倡议活动 www.icglr.org。

指南的性质

　　《指南》以《经合组织跨国企业准则》和《经合组织治理薄弱地区跨国企业风险认识工具》为基础并与这些文件保持一致。在各国政府的共同参与下，为那些在受冲突影响和高风险区域从事经营或矿产采购活动的企业，就受冲突影响及高风险区域矿产负责任供应链的各项原则和尽职调查程序提供与适用法律和相关国际标准相一致的建议和指导。本指南不具有法律强制性，各方自愿遵守。

附录一
基于风险的矿石供应链尽职调查五步框架

虽然具体的尽职调查要求和程序因矿产及企业在供应链上所处位置的不同而有所不同（详见矿产增补文件），但企业应审核其供应商选择和采购决策，并将如下基于风险的受冲突影响和高风险区域矿石供应链尽职调查五步框架纳入其管理体系。

1. **建立强大的企业管理体系。** 企业应当：

   A) 采取针对受冲突影响和高风险区域矿石供应链的政策并明确地向供应商和公众进行传达。该政策应将尽职调查所需参照的各项标准纳入其中，并与附录二供应链示范政策所提出的标准保持一致。

   B) 搭建内部管理架构，为供应链尽职调查提供支持。

   C) 建立针对矿产供应链的管控和透明体系。包括产销监管链、追溯制度、或供应链上游行为主体的识别等。企业可以通过参与行业计划开展这项工作。

   D) 加强企业与供应商的合作。企业应将供应链政策纳入与供应商签订的合同和/或协议之中，并在可能的情况下帮助供应商进行能力建设，从而提高其尽职调查能力。

   E) 在公司层面或行业范围内建立申诉机制，作为风险预警体系。

2. **识别和评估供应链风险。** 企业应当：

   A) 按照增补文件中的建议，识别企业供应链中的风险。

   B) 根据符合附录二的供应链政策标准和本指南中的尽职调查建议对负面影响风险进行评估。

3. **针对已识别的风险设计并实施应对策略。** 企业应当：

   A) 就供应链风险评估结果向指定的企:业高层管理人员进行汇报。

   B) 制定和实施风险管理计划。根据以下情况制定相应的风险管理策略：i）在降低可衡量风险的整个过程中继续开展贸易；ii）在不断降低可衡量风险的同时暂时中止贸易；iii）企业因降险措施未能发挥作用、认为降险措施不可行或无法接受风险等原因终止与供货商的关系。为了做出正确的策略决定，企业应对附录二（受冲突影响和高风险区域矿石全球负责任供应链示范政策）进行分析，并考虑自身影响力，以及在必要时采取措施建立影响力，从而对那些能够有效防范或降低已识别风险的供应商施加影响。如果企业在继续贸易或暂时中止贸易的同时开展降险工作，则应与供应商和受到影响的利益相关方进行协商，包括地方和中央政府部门、国际组织或民间社会组织、以及受影响的第三方等，并在适当情况下，就风险管理计划中降低可衡量风险的策略达成一致意见。企业可以采用《尽职调查指南》附录三中建议的措施和指标，在风险管理计划中制定对冲突和高风险敏感的风险的降低策略，并对改进程度进行衡量。

C) 实施风险管理计划，对风险降低工作的成效进行监测和跟踪，并向指定的高层管理人员进行反馈。企业可以通过与地方和中央政府部门、上游企业、国际组织或民间社会组织、以及在冲突影响和高风险区域实施和监测风险管理计划过程中受到影响的第三方展开合作和/或协商来完成这项工作。

D) 对于需要降低的风险，或在环境发生变化后，开展额外的事实和风险评估。

4. **开展供应链定点尽职调查独立第三方审计。**供应链确定点上的企业（如增补文件所示）应由独立第三方对其采纳的尽职调查实践进行审计。可以通过独立的制度化机制对这类审计进行复核。

5. **报告供应链尽职调查的情况。**企业应公开报告其供应链尽职调查政策和实践，可单独报告，也可在其可持续发展报告、企业社会责任报告、或年度报告中纳入有关矿产供应链尽职调查的信息。§

附录二
受冲突影响和高风险区域矿石全球负责任供应链示范政策[1]

认识到在受冲突影响和高风险区域从事矿产开采、贸易、处理、出口存在可能形成重大负面影响的风险，并认识到我们有尊重人权、不助长冲突的义务，我们承诺采纳并广泛推广如下受冲突影响和高风险区域矿石负责任采购政策，并将其纳入与供应商签订的合同和/或协议之中。这一政策为从开采到终端用户整个过程中的对冲突敏感的采购活动以及供应商的风险意识提供了基本参考。我们承诺不从事任何会为冲突提供资助的活动，承诺遵守联合国相关制裁决议，或者在适用情况下，遵守执行此类决议的国内法律。

与矿产开采、运输、或贸易有关的严重侵权行为：

1. 在受冲突影响和高风险区域开展采购或经营活动时，我们既不会容忍也不会以任何方式获利于、帮助、协助或便利任何一方实施：

   i)　任何形式的酷刑，残忍、不人道和有辱人格的待遇；

   ii)　任何形式的强迫或强制劳动。强迫或强制劳动是指以惩罚作为威胁榨取的任何个人的、并非该人自愿提供的劳动或服务；

   iii)　最恶劣形式的童工；[2]

   iv)　其他严重侵犯和践踏人权的行为，如普遍的性暴力行为；

   v)　战争罪或其他严重违反国际人道主义法的行为，反人类罪或种族灭绝罪。

对严重侵权行为的风险管理

2. 如果我们有合理理由认为该风险存在，即上游供应商正从实施第 1 条所规定的严重侵权行为的任何一方进行采购或与该方有关联，我们将立即中止或中断与该供应商的合作。

1　受冲突影响和高风险区域矿石全球负责任供应链示范政策旨在为整个矿产供应链上的所有活动主体提供一个普遍适用的参考。鼓励企业将示范政策纳入其现有的企业社会责任、可持续发展或其他相应的政策之中。
2　参见《劳工组织第 182 号关于最恶劣形式的童工劳动公约》(1999 年) 。

关于直接或间接支持非国家武装团体：[3]

3. 我们不会容忍任何通过矿产开采、运输、贸易、处理或出口为非国家武装团体提供直接或间接的支持。通过矿产开采、运输、贸易、处理或出口为非国家武装团体提供"直接或间接的支持"包括且不限于从非国家武装团体或其关联方[4]购买矿产，向其进行付款，或以其他方式为其提供后勤支援或设备等。这些武装团体或关联方：

    i)   非法控制矿址，或以其他方式控制运输路线、矿产交易点以及供应链的上游行为主体；[5]并/或

    ii) 在矿址入口、运输路线沿线或矿产交易点非法征税或者勒索[6]钱财或矿产；并/或

    iii) 对中间商、出口企业、或国际贸易者非法征税或勒索。

对向非国家武装团体提供直接或间接支持的风险管理：

4. 如果我们有理由认为，上游供应商从向非国家武装团体（见第三段中定义）提供直接或间接支持的任何一方进行采购或与之存在关系，我们将立即中止或中断与该供应商的合作。

关于公共或私人安全武装：

5. 我们同意根据第十段之规定，杜绝向非法控制矿址、运输路线以及供应链上游行为主体，在矿址入口、运输路线沿线或矿产交易点非法征税或索要钱财或矿产，或者向中间商、出口企业或国际贸易者非法征税或进行勒索的公共或私人安全武装提供直接或间接支持。[7]

---

3 企业应参照联合国安理会有关决议对非国家武装团体进行识别。

4 "关联方"包括供应链上直接与武装团体合作，为矿产开采、贸易、处理提供便利的贸易商、批发商、中间商及其他各方。

5 对矿山、运输路线、矿产交易地、以及供应链上游行为主体进行"控制"是指 i) 对开采活动进行监视，包括对进入矿区进行授权，以及/或对下游中间商、出口企业或国际贸易者的销售进行协调；ii) 在矿产开采、运输、贸易或销售过程中利用任何形式的强迫或强制劳动；或 iii) 在上游企业或矿山担任领导或管理人员，或是享有受益权或其他所有者权益。

6 向矿山、运输路线、矿产交易地、或上游企业进行"勒索"是指以暴力或其他手段相威胁，通常以允许开采、使用运输路线、或矿产运输、购买、销售等活动作为筹码，向被勒索人索要并非其自愿支付的金钱或矿产。

7 此处所述"直接或间接支持"指的并不是合法形式的支持，合法形式包括企业向其经营所在国政府支付的法定税收、费用和/或特许开采费（参见下文第 13 段，支付披露）。

6.　我们认可，矿址及/或其周边地区以及/或运输道路沿线的公共或私人安全武装的作用仅是维护法治，包括保障人权、保护矿工、设备和设施安全、保护矿址或运输路线以使合法的开采和贸易不受干扰。

7.　在我们或我们供应链上的任何企业与公共或私人安全武装签订了合约的情况下，我们承诺或者将规定，在与这类安全武装进行合作的过程中将遵守《安全与人权自愿原则》的规定。尤其是，我们将会支持或采取措施运用筛查政策，确保已知的实施过严重侵犯人权行为的个人或安全武装单位不被录用。

8.　我们将支持或采取措施与中央或地方政府、国际组织和民间社会组织开展合作，共同为如何提高公共安全武装安保费用的透明度、相称性和问责性找到可行的解决方案。

9.　我们将支持或采取措施与当地政府、国际组织和民间社会组织开展互动，避免或最大限度地降低公共或私人安全武装驻扎在矿址给弱势群体带来的负面影响，尤其是对小作坊矿工的负面影响，在这种情况下，供应链上的矿产是通过小作坊或小规模采矿的方式开采出来的小作坊。

对公共或私人安全武装的风险管理：

10.　如果我们发现在一定程度上存在此类风险，将根据企业在供应链上所处的具体位置，立即制定、采用和实施上游供应商及其他利益相关方风险管理计划，从而使第五段中所述的为公共或私人安全武装提供直接或间接支持的风险得到遏制或降低。如果风险管理计划实施六个月未起作用，我们将暂时停止或中断与上游供应商的合作。[8] 我们发现在一定程度上有可能存在有违第 8 段和第 9 段内容的行为的情况下，将采取同样的应对措施。

关于行贿受贿及矿产原产地的欺诈性失实陈述：

11.　我们不会提出、承诺、进行或索要任何贿赂，并且抵制诱惑，不会为了掩盖或伪造矿产原产地，虚报矿产开采、贸易、处理、运输、出口等活动应向政府缴纳的税收、费用和特许开采费而行贿。[9]

8　如附录一步骤 3（D）所述，对采用风险管理计划后需要降低的风险，企业应额外进行风险评估。若风险管理计划六个月内未取得明显效果，第 5 段所述为公共或私人安全武装武装提供直接或间接支持的风险没有得到遏制或降低的话，企业应暂时停止或中断与供应商的合作，时间至少是三个月，并在暂时中止合作的同时对风险管理计划进行修订，阐明贸易关系恢复之前改进工作所应达到的绩效目标。

9　参见经合组织《关于打击国际商业交易中行贿外国公职人员行为的公约》（1997）和《联合国反腐败公约》（2004）

关于洗钱

12. 如果我们有理由认为，存在因开采、贸易、处理、运输或出口在矿址入口、运输路线沿线、或上游供应商矿产交易地进行非法征税或勒索而得的矿产所引起或与之相关的洗钱风险，，我们将支持或采取措施，为有效消除洗钱行为做出贡献。

关于向政府支付的税收、费用及特许费：

13. 我们将确保向政府支付所有与受冲突影响和高风险区域矿石开采、贸易、出口相关的合法税收、费用和特许费，并且承诺根据企业在供应链上所处位置依照《采掘行业透明度行动计划》（EITI）中的各项原则对此类支付进行披露。

对行贿受贿及矿产原产地的欺诈性失实陈述、洗钱及向政府支付的税收、费用、特许费的风险管理：

14. 根据企业在供应链上所处的具体位置，我们承诺与供应商、中央或地方政府机关、国际组织、民间社会以及受影响的第三方酌情进行合作，本着在合理的时间跨度内采取显著措施防范或降低有负面影响的风险之目的，对绩效进行改善或跟踪。风险降低措施未起作用的，我们将暂时停止或中断与上游供应商的合作。[10]

10　如附录一步骤 3（D）中所述，对采用风险管理计划后需要降低的风险，企业应额外进行风险评估。若风险管理计划六个月内未取得明显效果，行贿受贿及对矿产产地进行欺诈性失实陈述、洗钱、以及向政府缴纳税款、费用、特许费等行为的风险未能得到遏制或降低的话，企业应暂时停止或中断与供应商的合作，时间至少是三个月，并在暂时中止合作的同时对风险管理计划进行修订，阐明贸易关系恢复之前改进工作所应达到的绩效目标。

附录三
建议采用的风险降低措施和衡量改进指标

供应链政策——安全及相关问题

降低风险：

上游企业可以考虑自行实施以下降低风险的建议措施，或者通过协会、联合评估小组、或以其他适宜方式开展下列活动

- 就供应链上发生的侵权和剥削行为向相关中央政府机关（如矿产部）发出警报；

- 存在对矿产进行非法征税或勒索情况的地区，立即采取措施确保上游中间商和批发商向下游或公众披露其为了获取公共或私人安全武装提供的安全保障而向其支付的款项；

- 与中间商和批发商合作，帮助他们进行能力建设，记录安全武装提供的安全保障及向其支付的款项；

- 在以小作坊及小规模的方式采矿（"ASM"）的地区进行采购时，与民间社会和国际组织酌情开展合作，支持 ASM 群体、当地政府以及公共或私人安全武装之间就安全部署问题达成正式的约定，确保所有支付均是自愿且与提供的服务相称，并阐明参与原则符合《安全与人权自愿原则》、《联合国执法人员行为守则》和《联合国执法人员使用武力和火器的基本原则》之规定；

- 支持建立社区论坛，分享和交流信息；

- 支持在适当情况下建立信托基金或其他类似形式的基金，通过这一形式向安全武装支付其服务费用。

- 酌情与国际组织或民间社会组织建立伙伴关系，为安全武装的能力建设提供支持，使其在矿区的行为与《安全与人权自愿原则》，以及《联合国执法人员行为守则》或《联合国执法人员使用武力和火器的基本原则》相一致。

更多指导，请参见多边投资担保机构（Multilateral Investment Guarantee Agency）的《安全与人权自愿原则：主要场所实施工具包》（2008）；国际红十字会——武装警察和安保人员培训资源；以及《私营安保服务提供商国际行为守则》（2010）。

供应链政策——安全及相关问题（续）

建议用以衡量改进情况的指标： 参见：全球报告倡议组织的《指标协议：人权、矿业及金属行业补充指引》（第三版）中第 HR8 项指标："接受过和运营相关的人权政策或规程培训的安保人员所占比例"。更多有关指标的内容，请参见指标评述。指标的报告及相关信息的收集，包括给社区和妇女带来的各种风险，请参见全球报告倡议组织的《可持续发展报告指南》和《矿业及金属行业补充指南》（第三版）。

安全武装矿山或运输路线沿线有安全武装的情况下，在按批次细分的基础上，公共或私人安全武装以非法征税或勒索的形式向上游行为主体收取的矿产或钱财占这些矿山出产或经由这些路线运输的矿产的比例；向公共或私人安保武装支付的款项的性质和类型，包括就安全保障和报酬支付达成的任何约定的性质和类型。

供应链政策——小作坊采矿的安全及受到的负面影响

降低风险：

在以小作坊方式采矿的地区进行采购时，上游企业可以考虑自行实施以下降低风险的建议措施，或者通过协会、联合评估小组、或以其他适宜方式开展下列活动：

- 通过建立合作企业、协会或其他会员组织，支持矿产所在国政府逐步推进小作坊采矿向职业化、正规化方向发展，最大限度降低小作坊采矿者遭受侵权行为影响的风险。

更多有关如何开展这一风险降低工作的指导，参见责任珠宝业委员会《标准指南》，"实践准则 2.14 小作坊及小规模采矿"，包括"通过尽量从本地采购商品和服务的方式为更广泛的利益群体提供支持；以消除童工为条件参与社会活动；通过性别意识和赋权项目改善小作坊及小规模采矿地区社会群体中妇女的状况"。

供应链政策——小作坊采矿的安全及受到的负面影响

建议用以衡量改进情况的指标： 参见：全球报告倡议组织的《指标协议：社会、矿业及金属行业补充指南》（第三版）中第 MM8 项指标："*以小作坊及小规模开采的方式进行采矿的矿区，或附近矿区[...]的数量（及所占比例）；相关风险以及为了管理和降低这些风险所采取的行动*"。更多有关指标的内容，请参见指标评述。指标的报告及相关信息的收集，包括给社区和妇女带来的各种风险，请参见全球报告倡议组织的《可持续发展报告指南》和《矿业及金属行业补充指南》（第三版）。

供应链政策——行贿受贿
及矿产原产地的欺诈性失实陈述

降低风险：

上游企业可以通过与协会、评估小组合作，或其他适宜方式建设供应商能力，尤其是中小企业（SMEs）的能力，从而开展受冲突影响和高风险区域矿石负责任供应链尽职调查。

建议用以衡量改进情况的指标： 改进指标应以指南中的程序为基础。例如，指标可以包括 *下游信息披露；已确立的产销监管链或供应链透明度体系的性质；供应链风险评估及管理的性质和形式，尤其是对产销监管链和透明度体系生成信息的核查；企业参与供应链尽职调查的能力培养和/或其他相关行业倡议活动。*

供应链政策——洗钱

降低风险：

上游企业可以考虑自行实施以下降低风险的建议措施，或者通过协会、联合评估小组、或以其他适宜方式开展下列活动：

- 建立供应商、客户、交易的示警信息，以识别可疑行为和活动；

- 对所有供应商、商业伙伴、客户的身份进行识别和核实；

- 向当地、国家、地区及国际执法机构举报涉嫌从事违法活动的行为。

更多指导，请参见反洗钱金融行动特别工作组，以风险为本的打击洗钱和恐怖融资的方法指南。

建议用以衡量改进情况的指标： 改进指标应以指南中的程序为基础。例如，候选指标可以包括 *供应链政策；下游信息披露；已确立的产销监管链或供应链透明度体系的性质；供应链风险评估及管理的性质和形式，尤其是对产销监管链和透明度体系生成信息的核查；企业参与供应链尽职调查的能力培养和/或其他相关行业倡议活动。*

供应链政策——向政府缴纳的税收、费用、以及特许费的透明度

降低风险：

上游企业可以考虑自行实施以下降低风险的建议措施，或者通过协会、评估小组，或以其他适宜方式开展下列活动：

- 支持实施《采掘行业透明度行动计划》；

- 支持在细分的基础上，公开披露所有以受冲突影响和高风险区域矿石的开采、贸易和出口为目的向政府缴纳的税收、费用、特许费等信息。

- 就税务征缴和监督过程中可能存在的薄弱环节知会相关地方和中央政府机关；

- 为这些机关的能力培养提供支持，使之有效履行职责。

关于企业如何支持 EITI 的指导，参见 http://eiti.org/document/businessguide。

建议用以衡量改进情况的指标：参见：全球报告倡议组织的《指标协议：经济、矿业及金属行业补充指南》（第三版）中指标 EC1："*生成和分配的直接经济价值，包括收入、运营成本、员工薪酬、捐赠及其他社会投资、留存收益、以及向出资人和政府支付的款项*"。更多有关指标的内容，请参见指标评述。指标的报告及相关信息的收集，请参见全球报告倡议组织的《可持续发展报告指南》和《矿业及金属行业补充指南》（第三版）

关于锡、钽、钨的增补内容

范围和定义

本增补内容根据矿产供应链上的不同位置，对受冲突影响或高风险地区的锡、钽、钨等金属（下文称作矿产）相应的供应链尽职调查提出了具体指导。对供应链上、下游企业的角色进行区分，并提出相应的尽职调查建议。

本增补内容中，"上游"是指从矿山到冶炼/精炼企业的矿产供应链。"上游企业"包括矿产开采方（小作坊及小规模或大规模生产企业）[1]、矿产原产国的本地贸易商或出口商、国际精矿贸易商、矿产再加工企业及冶炼/精炼企业。《经济合作与发展组织受冲突影响和高风险区域负责任的矿石供应链尽职调查指南》及这份关于锡、钽、钨的增补内容（下文简称称《指南》）建议，除其他外，这些企业应对其持有的矿产建立内部控制体系（产销或可追溯性监管链），并且建立实地评估团队。企业可以在保留各自责任的同时，通过开展上游企业间合作共同建立评估团队，在可确定的情况下形成有关受冲突影响和高风险区域矿石开采、贸易、处理、出口的可核实的最新可靠信息并进行共享。《指南》呼吁这些上游企业向下游买家提供风险评估的结果，并由独立第三方对冶炼/精炼企业的尽职调查实践进行审计，包括通过制度化机制进行审计。

"下游"是指从冶炼/精炼企业到零售商之间的矿产供应链。"下游企业"包括金属交易商和交易所、零部件制造商、产品生产商、原始设备制造商（OEMs）、及零售商。《指南》建议，除其他外，下游企业应尽最大努力对其供应链上冶炼/精炼企业的尽职调查程序进行确认和分析，并对他们是否遵守《指南》提出的尽职调查措施进行评估。下游企业可以参与对冶炼/精炼企业遵守《指南》情况进行评估的行业机制的设立，并且可以利用这些机制提供的信息帮助自己落实《指南》提出的建议。

这一对上下游的区分反映出以追溯企业持有的矿产为基础的内控机制通常在矿产被冶炼之后便不再可行，因为进入消费品市场的精炼金属只是终端产品的各种零部件中的一小部分。由于存在这些实际的困难，下游企业应针对自己的直接供应商建立内控，可以通过行业内的行动计划协调各方力量对次级供应商施加影响，克服现实挑战，有效执行《指南》中提出的各项尽职调查建议。

引发适用本增补文件的示警信号

本《指南》适用于在受冲突影响和高风险区域运营的行为主体，或者有

---

1   "上游企业"包括小作坊或小规模生产企业，不包括由个人或小作坊采矿者组成的非正式生产小组。

可能供应或使用来自受冲突影响和高风险区域的锡（锡石）、钽（钽铁矿）、钨（钨锰铁矿）、或这些矿产的冶炼衍生品的行为主体。企业应初步审查其矿产或金属的采购实践，以确定《指南》是否适用于自己。若存在以下（红旗）示警信号，则应启用《指南》中的尽职调查标准和程序。

矿源地和中转地示警信号：

- 矿产源于或其运输路线经过受冲突影响或高风险区域。[2]

- 矿产所称原产国为已知储量、可能拥有的资源或预期生产水平有限的国家（即宣称的来自该国的矿物的产量与其已知储量或预期生产水平不符）。

- 矿产所称原产国是受冲突影响和高风险区域的矿产已知的中转国。

供应商相关示警信号：

- 企业的供应商或其他已知上游企业是在上述某示警产地或中转地之一供应矿产或开展经营活动的企业的股东或与之存在其他利益关系。

- 企业的供应商或其他已知上游企业，据悉在过去十二个月内曾经从示警矿源地和中转地采购过矿产。

如果供应链上的一家企业无法确定企业持有的矿产是否来自某"示警矿源地或中转地"，则应进入《指南》步骤一。

2　参见指南对受冲突影响和高风险区域的定义和指标。

图 1 受冲突影响和高风险区域矿石供应链风险

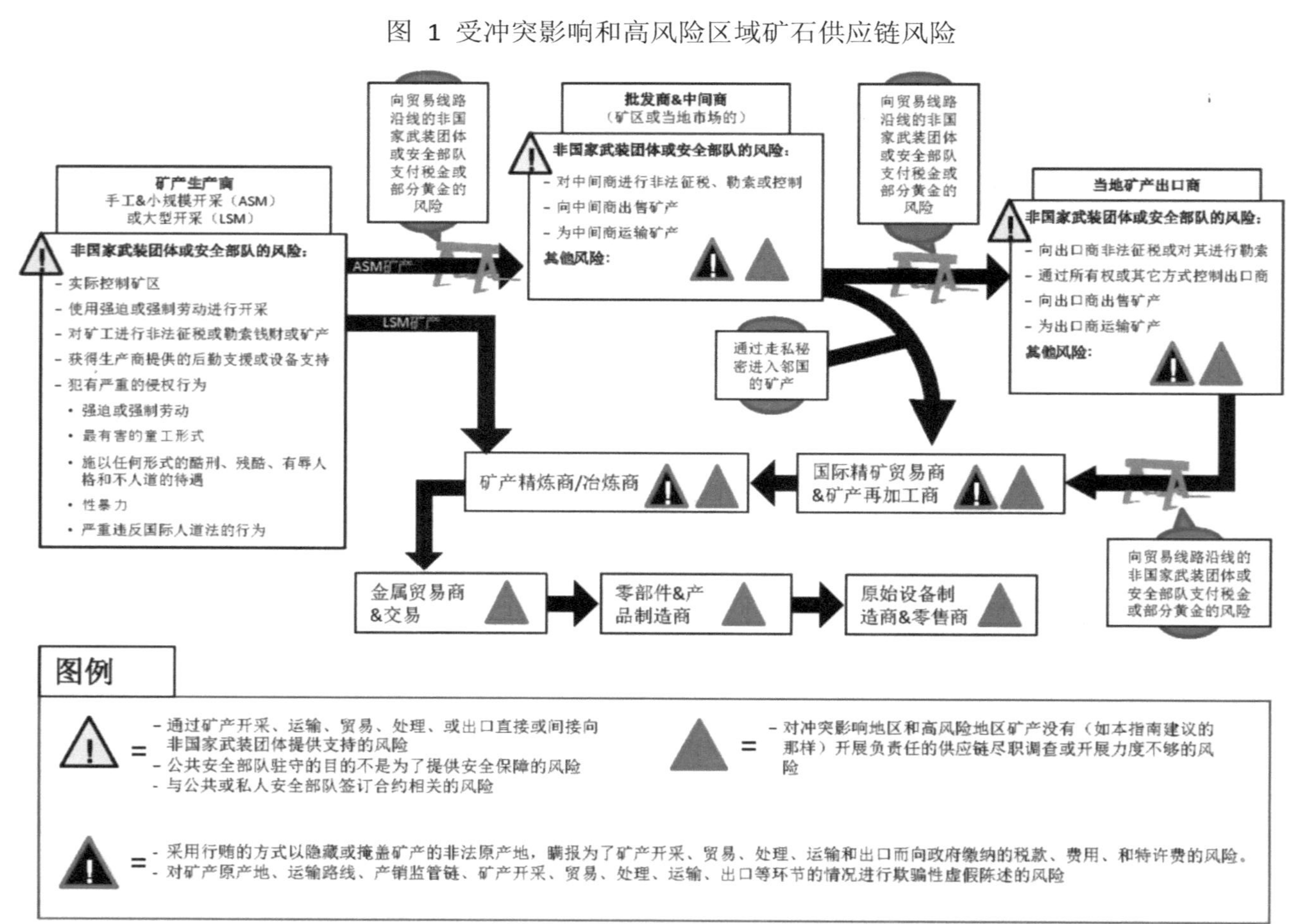

步骤一：建立强大的企业管理体系

目标：确保企业内部现有的尽职调查体系和管理体系能够应对与受冲突影响或高风险区域矿产相关的风险。

A. 采用并落实供应链政策规范产自受冲突影响和高风险区域的矿产。对供应链上所有企业而言，该政策应包括：

1. 一项政策承诺，规定矿产开采、运输、处理、贸易、加工、冶炼、精炼及合金化处理、出口等环节的通用参考原则。企业可以对照这些原则，对自身及供应商的活动和关系进行评估。该政策应与附录二供应链示范政策中提出的标准相一致。

2. 一套能够确保恰当管理风险的清晰一致的管理程序。企业应致力于实施本增补内容各个层面相应的尽职调查步骤和建议。

B. 构建支持供应链尽职调查的内部管理体系。供应链上的企业应：

1. 将供应链尽职调查程序的监督权力和责任交给具备必要能力、知识和经验的高层员工。

2. 确保能够获得必要的资源以支持这些程序的运行和监督。[3]

3. 建立适当的组织架构和沟通程序，确保将包括企业政策在内的重要信息传达给相关员工和供应商。

4. 建立内部问责机制，确保供应链尽职调查程序的实施。

C. 建立矿产供应链的控制和透明度体系。

C.1. *具体建议——针对本地矿产出口企业*

1. 搜集[4]下述信息，并披露给下游直接买家，买家随后将信息沿供应链传递下去；同时，还要把这些信息披露给设立目的为收集和处理受冲突影响及高风险区域矿产信息的地区性或全球性的制度化机制。

3　Art. 4.1 (d), ISO 9001:2008.
4　尽职调查是一个持续的主动预防、及时应对的程序。因此，可以通过指南中的各个步骤对信息进行搜集，并逐步完善其质量，其中包括与供应商沟通（如通过合同规定或步骤一中（C）和（D）所述的其他程序）、建立产销监管链或透明度体系（参见步骤一（C.4））、以及风险评估（参见步骤二（I）和附录：上游企业风险评估指导）等。

a) 为了从事矿产开采、贸易、运输和出口而向政府缴纳的所有税收、费用、或特许费；

b) 为了从事矿产开采、贸易、运输和出口向政府官员支付的其他任何款项；

c) 从矿产开采开始，供应链上所有环节向公共或私人安全武装或其他武装团体支付的所有税款和款项；

d) 出口企业的所有权（包括受益所有权）和企业架构，包括企业管理人员和董事的姓名；企业及管理人员与商界、政府、政界或军方的关系；

e) 矿源地矿山；

f) 产量、日期、开采方式（小作坊和小规模开采或大规模开采）；

g) 矿产汇集、交易、加工或提纯的地点；

h) 上游所有中间商、批发商、或上游供应链的其他行为主体的识别信息；

i) 运输路线。

C.2. *具体建议——针对国际精矿贸易企业和矿产再加工企业：*

1. 将上述有关资料披露的规定纳入与本地出口商签订的商业合同。[5]

2. 搜集下述信息，并披露给下游直接买家；同时，还要披露给那些设立目的为收集和处理受冲突影响和高风险区域矿产信息的地区性或全球性的制度化机制：

a) 所有出口、进口、再出口单证，包括为了出口、进口、再出口支付的所有费用，以及向公共或私人安全武装或其他武装团体支付的所有税款及其他形式的报酬的记录；

b) 所有中间供货商的识别信息（本地出口商）；

c) 本地出口商提供的所有信息。

---

5 无论出口商是否遵守上述建议，国际精矿贸易企业都有责任向本地出口商收集和保存信息。

C.3. *具体建议——针对冶炼/精炼企业：*

1. 将上述有关资料披露的规定纳入与国际精矿贸易商、矿产再加工企业、以及本地出口商签订的商业合同。[6]

2. 下述产销监管链及/或可追溯体系产生的信息应至少保留五年。[7]信息最好保存在电脑数据库中，并披露给下游买家及那些设立目的为收集和处理受冲突影响和高风险区域矿石信息的地区性或全球性的制度化机制。

C.4. *具体建议——针对所有上游企业：*

1. 针对来自"示警矿源地和中转地"的矿产，引入产销监管链和/或可追溯体系，以得出下述归类细分信息，且最好辅以单证：矿产原产地矿山；开采数量和日期；矿产汇集、交易、处理的地点；为了从事矿产开采、贸易、运输和出口向政府官员支付的所有税款、费用、特许费、或其他款项；向公共或私人安全武装或其他武装团体支付的所有税款和其他款项；上游供应链上所有行为主体的识别信息；运输路线。[8]

2. 将依照本《指南》尽职调查标准和程序取得和保留的所有信息披露给下游买家和审计单位、以及那些设立目的为收集和处理受冲突影响和高风险区域矿石信息的地区性或全球性制度化机制。

3. 尽可能地避免现金采购，并且确保所有无法避免的现金矿产采购都辅以可供核实的单证，且现金交易最好经由正式的银行渠道。[9]

4. 支持实施《采掘行业透明度行动计划》(EITI)提出的原则和标准。[10]

---

6   无论国际精矿贸易商和本地出口商是否遵守上述建议，冶炼/精炼企业都有责任向他们收集和保存信息。
7   参见 FATF 建议 10。参见附录二，《金伯利进程证书制度》及《金伯利进程莫斯科宣言》。
8   参见 ITRI 供应链倡议行动（iTSCi）。
9   鼓励提供金融服务的金融机构参照本《指南》及增补文件开展客户尽职调查，并将遵守本《指南》纳入其决策。
10 有关 EITI 的信息，参见 http://eiti.org/。关于企业如何支持 EITI 的指导，参见 http://eiti.org/document/businessguide

C.5. *具体建议——针对所有下游企业：*

1. 引入能够对企业矿产供应链上冶炼/精炼企业进行识别的供应链透明度体系，通过该体系应该能够获得"示警矿源地和中转地"矿产供应链的以下信息：每个冶炼/精炼企业矿产供应链上所有原产国、运输国和过境国的识别信息。因规模或其他因素而很难对直接供应商之外的上游行为主体进行识别的企业，可以和那些与其有着相同供应商的业界成员或与其有业务关系的下游企业展开互动和积极合作，从而识别供应链上的冶炼企业。

2. 相关信息应至少保留五年，且最好保存在电脑数据库中。

3. 支持扩大供应商数字化信息共享系统所涵盖的范围[11]，将冶炼/精炼企业纳入其中，并对系统进行调整，利用本《指南》建议的标准和程序，在适当考虑商业机密和其他竞争保密因素的情况下，对受冲突影响和高风险区域矿石供应链上供应商开展尽职调查的情况进行评估。[12]

D. 加强企业与供应商的互动。 供应链上的企业应致力于实施与附录二相一致的供应链政策和本《指南》中的尽职调查程序。为此，企业应：

1. 在可行的情况下与供应商建立长期关系，而不是短期或一次性合同关系，从而形成对供应商的影响力。

2. 与供应商交流对受冲突影响及高风险地区矿产负责任供应链的期望，并将《指南》中提出的供应链政策和尽职调查程序纳入与供应商签订的商业合同和/或书面协议，从而加以实施和监督。[13] 如有必要，协议中应包括对供应商进行突击抽查以及查看供应商单证的权力等。

3. 考虑采取措施支持供应商提高绩效、遵守企业供应链政策，并帮助供应商进行能力建设。[14]

11　参见 E.TASC.等供应商数字信息系统。
12　商业机密和其他竞争保密因素是指不损害后续进一步解读的情况下的价格信息和供应商关系。所有信息都将披露给设立目的为收集和处理受冲突影响和高风险区域矿石信息的地区性或全球性制度化机制。
13　有关供应商监督和违规情况管理的信息，参见步骤二至步骤五。
14　参见步骤三，"降低风险"

4. 在降低风险的过程中，致力于与供应商一道制定能够加以衡量的改进计划，并在相关且适当的情况下请地方和中央政府、国际组织和民间社会参与制定。[15]

E. 建立企业申诉机制。 根据其在供应链上所处位置，企业可以：

1. 建立一种机制，使任何利益方（受影响的个人或举报人）都能表达其对受冲突影响和高风险区域矿石的开采、贸易、处理和出口相关情况的担忧。这一机制可以让企业对其实际情况和风险评估之外其他问题所引起的供应链风险有所警觉。

2. 直接提供这种机制，或者与其他企业或机构合作，或者为外部专家或团体（即监察员）提供便利。

15　参见步骤三，"降低风险"

步骤二：供应链风险的识别和评估

目标：对受冲突影响和高风险区域矿石开采、贸易、处理和出口的风险进行识别和评估。

I. 上游企业

上游企业需要明确产销监管链和矿产开采、贸易、处理、及出口的情况，并且通过比对附录二受冲突影响和高风险区域矿石供应链示范政策对这些情况进行分析，进而对风险进行评估。上游企业可以通过联合倡议活动以合作的方式实施本节提出的建议，但保留各自的尽职调查责任，并应确保所有共同开展的工作都适当考虑各企业具体的情况。

A. 确认矿产供应链风险评估的范围。冶炼/精炼企业、国际精矿贸易商、及矿产再加工企业应对步骤一环节得出的信息进行审查，从而有的放矢地对引言中列出的"矿源地和中转地示警信号"和"供应商相关示警信号"下的矿产和供应商进行风险评估。

B. 对企业现有的和计划中的供应链实际情况进行分析。上游企业应对受冲突影响和高风险区域的环境进行评估；对产销监管链、所有上游供应商的活动和关系加以明确；并确认矿产开采、贸易、处理、出口相关地点和性质情况；上游企业应依靠步骤一环节收集和保存的信息，且该类信息应是最新的实地信息，以便对供应链进行有效分析和风险评估。参见附录：上游企业风险评估指导。附录为建立实地评估团队（下文称"评估团队"）提供了指导，并包括了一份值得考虑的问题清单。评估团队可以由那些在受冲突影响或高风险地区经营或供货的上游企业共同组建。各上游企业在评估后自行决定并负责根据评估团队提出的建议采取行动。

C. 对供应链上的风险进行评估。企业应对照供应链示范政策在定性的基础上对供应链的实际情况进行评估，从而判断供应链风险：

1. 对适用标准进行评议，包括：

   a) 与附录二相一致的企业供应链政策的各项原则和标准。[16]

16　参见上文步骤一（A）及附录二。

b) 企业所在地或公开交易地（如果适用）所在国的国家法律；矿产可能产地的国家法律；以及中转国或再出口国的国家法律。

c) 对企业经营和业务关系进行约束的法律文件，如融资协议、承包协议、供应商协议等。

d) 其他相关的国际文书，如《经合组织跨国企业准则》、国际人权和人道主义法等。

2. 判断供应链的情况（尤其是对附录中建议的指导性问题的回答）是否达到相关各项标准。如果可以合理地认为事实情况与标准之间存在不一致，则应视为存在潜在负面影响的风险。

II. 下游企业

下游企业应根据本《指南》对其冶炼/精炼企业的尽职调查实践进行评估，从而识别本企业的供应链风险。（因规模或其他因素）很难对直接供应商之外的上游行为主体进行识别的企业可以和那些与其有着相同供应商的业界成员或与其有业务关系的下游企业展开互动和积极合作，共同实施本节提出的建议，从而识别其供应链上的冶炼企业，并对这些企业的尽职调查实践进行评估，或是通过行业验证计划识别符合本《指南》要求的冶炼/精炼企业从而向这些企业进行采购。[17] 下游企业保留各自的尽职调查责任，并应确保所有共同开展的工作都适当考虑各企业具体的情况。

A. **尽最大努力对供应链上的冶炼/精炼企业进行识别。** 下游企业应致力于对其供应链所使用的精炼金属的矿产冶炼/精炼生产企业进行识别，可以通过与直接供应商进行保密的讨论，将供应商披露保密要求纳入与供应商签订的合同，向直接供应商指定符合本《指南》要求的冶炼/精炼企业，利用供应商保密信息共享系统和/或通过行业内机制对供应链上游行为主体进行披露等方式。[18]

17　参见 无冲突冶炼企业计划。
18　参见上文步骤一（C）（"对矿产供应链建立内部控制"）和步骤一（D）。

B.   确认矿产供应链风险评估的范围。下游企业在识别了其供应链所使用的精炼金属的冶炼/精炼企业后，应参与到这些冶炼/精炼企业的供应链之中，并从中获得有关矿产原产国、中转国、矿山到冶炼/精炼企业之间运输路线等内容的初步信息。下游企业应对这些信息，以及步骤一环节取得的任何信息进行审查，从而有的放矢地对引言中列出的"矿源地和中转地示警信号"和"供应商相关示警信号"下的矿产和供应商进行风险评估。

C.   评估冶炼/精炼企业是否实施了受冲突影响和高风险区域矿石负责任供应链尽职调查中的所有工作。

1.   取得冶炼/精炼企业尽职调查实践的证据。

2.   对评估团队取得的信息进行审查。[19]

3.   参照本《指南》中的供应链政策和尽职调查程序对冶炼/精炼企业尽职调查实践的证据进行反复核对。

4.   与冶炼/精炼企业展开合作，通过行业内倡议行动等方式帮助其找到建设能力、降低风险、提高尽职调查绩效的方法。

D.   必要时，通过参与行业发起的计划对矿产冶炼/精炼企业的设施展开联合抽查。

---

19   参见附录：上游企业风险评估指导。

步骤三：针对已经识别的风险制定并实施应对策略

目标： 对已经识别的风险进行评估并回应，从而防范或降低负面影响。企业可以通过开展联合倡议行动，以合作的方式实施本节提出的建议，但保留各自的尽职调查责任，并应确保所有共同开展的工作都适当考虑各企业具体的情况。

A. **将结果汇报给指定的企业高层管理人员，** 指出收集到的信息和供应链风险评估中识别的实际风险和潜在风险。

B. **设计和实施风险管理计划。** 企业应采用涵盖了对步骤二中发现的风险应对措施的供应链风险管理计划。企业可以通过以下方式对风险进行管理：i）在整个降低可衡量风险的过程中继续开展贸易；ii）在不断降低可衡量风险的同时暂时中止贸易，或者 iii）在风险降低措施不可行或无法接受风险的情况下终止与供货商的关系。为了实施风险管理计划并就风险管理策略做出正确的决定，企业应当：

1. 对附录二的受冲突影响和高风险区域的供应链示范政策进行评议，或在本企业内部政策与附录二相一致的情况下，对本企业的政策进行审查，从而判断能否通过保持、暂时中止、或中断与供应商的关系降低已识别的风险。

2. 通过可衡量的风险降低手段对无需中断供应商关系的风险进行管理。可衡量的风险降低手段应致力于在合理的时间跨度内逐步提高绩效。制订风险降低策略时，企业应：

    a) 考虑自身影响力，并在必要时采取措施建立影响力，从而对那些能够有效防范或降低已识别风险的上游供应商施加影响：

        i) **上游企业**——上游企业因其在供应链上所处的位置，能够对供应链上的行为主体发挥重要的实际影响或潜在影响。而这些行为主体则能够最有效、直接地降低负面影响的实质性风险。如果上游企业决定在继续或暂时中止贸易的同时不断降低风险，则应将重点放在寻求途径与利益相关方酌情开展建设性互动，从而在合理的时间跨度内逐步消除负面影响。[20]

        ii) **下游企业**——根据下游企业在供应链上所处的位置，鼓励他们建立和/或发挥对最能有效、直接地降低负面影响风险的上游供应商的影响力。若下游企业决定在继续或暂时中止贸易的同时

---

20 各企业应该参考《指南》附录二建议的风险管理策略。附录三包括了风险降低的建议措施，并推荐了一些衡量改进的指标。《指南》实施中将有更详尽的风险管理指导。

不断降低风险，则应将重点放在供应商的价值取向和能力培养方面，使他们能够开展尽职调查工作并提高尽职调查的绩效。企业应鼓励行业会员组织与相关国际组织、非政府组织、利益相关方、以及其他专业人士合作，制定和实施尽职调查能力培养模式。

b) 征询供应商和受影响的利益相关方的意见，就风险管理计划中的可衡量的风险降低策略达成一致意见。可衡量的风险降低策略应根据企业具体的供应商及其经营环境进行调整，并清晰地阐明合理时间跨度内的绩效目标，包括衡量改进情况的定性和/或定量指标。

i) **上游企业**——在适当考虑商业机密和其他竞争保密因素的同时，[21]公布供应链风险评估和供应链管理计划，知会地方和中央政府、上游企业、当地民间社会及受影响的第三方。企业应确保受影响的利益相关方有充足的时间对风险评估和管理计划进行评议，对风险管理的问题、担忧、以及其他建议进行考虑和做出回应。

C. 实施风险管理计划，监督和跟踪风险降低措施的成效，并向指定的高层管理人员进行反馈。在风险降低措施失败后暂停或终止与供应商的关系。

1. **上游企业**——上游企业应就风险降低措施的实施、监督及绩效跟踪，与当地和中央政府、上游企业、国际或民间社会组织、以及受影响的第三方开展合作和/或协商。上游企业可能希望通过建立或支持成立社区监督网络，对风险降低措施的成效进行监督或跟踪。

D. 对于需要降低的风险，或在环境发生变化后，开展额外的事实和风险评估 。[22] 供应链尽职调查是一个动态过程，需要对风险进行持续的监测。风险降低策略实施后，企业应重复步骤二环节，确保有效管理风险。另外，为了防范或降低负面影响，企业供应链发生任何变化都可能需要对某些步骤进行重复。

21　参见脚注 12

22　环境变化应在风险敏感的基础上，通过对企业产销监管链单证以及矿源地和运输路线冲突影响地区的情况进行持续的监督加以确定。此类环境变化可能包括供应商或产销监管链行为主体的变化，以及原产地、运输路线、或出口口岸的变化。还有可能包括具体环境因素的变化，如某一地区冲突升级，负责某地区的军队发生人事变动，以及矿源地所有权或控制权发生变动等。

步骤四：对冶炼/精炼企业的尽职调查实践开展独立第三方审计

目标：对冶炼/精炼企业在受冲突影响和高风险区域矿石负责任供应链尽职调查工作开展独立第三方审计，从而改善冶炼/精炼企业和供应链上游企业的尽职调查实践，这包括在政府的支持下、利益相关方的合作下，通过在行业倡议活动中建立制度化机制进行审计。

A. 筹备对冶炼/精炼企业的受冲突影响和高风险区域矿石负责任供应链尽职调查工作开展独立第三方审计。审计的范围、标准、原则、活动应包括以下方面：[23]

1. **审计的范围：**审计范围包括冶炼/精炼企业对受冲突影响和高风险区域矿石供应链的尽职调查的所有内容，以及使用的所有程序和体系。其中包括且不限于冶炼/精炼企业对矿产供应链的控制、向下游企业披露的有关供应商的信息、产销监管链及其他矿产信息、冶炼/精炼企业所做的包括实地研究在内的风险评估、以及冶炼/精炼企业风险管理策略等。

2. **审计标准：**判断冶炼/精炼企业的尽职调查程序是否符合本尽职调查指南。

3. **审计原则：**

   a) **独立性：**为了保持审计的中立公正，审计机构和所有审计团队成员（"审计人员"）必须独立于冶炼/精炼企业，及其下属企业、特许企业、承包商、供应商、以及联合审计中的合作企业。这就特别意味着审计人员与被审计方之间不得存在包括业务关系或（股份、债务、有价证券等形式的）财务关系在内的利益冲突，并且在审计之前 24 个月内，未曾向被审计企业提供过其他服务，特别是与所评估的尽职调查实践或供应链管理有关的任何服务。[24]

   b) **审计资格：**审计人员应符合 ISO 19011 第七章审计人员资格及评定标准。具体而言，审计人员必须具备以下领域的知识和技能：[25]

      i) 审计的原则、步骤及方法（ISO 19011）。

      ii) 企业供应链尽职调查的原则、步骤及方法。

---

23 这项建议简要介绍了一些基本的原则、范围、标准、以及其他一些基本信息，供对冶炼/精炼企业尽职调查实践开展针对具体供应链的独立第三方审计的机构考虑。有关审计项目的详细要求（包括项目责任、步骤、记录的保存、监督和评议）以及审计活动的分步概述，企业可以参考 ISO19011:2002（"ISO19011"）国际标准。

24 参见 FLA 宪章第八章（A）。

25 ISO 19011:2002 第 7 章第 4 节所要求的必备知识和技能由审计人员所受的教育和工作经验决定。此外，审计人员还必须展现出职业、公正、诚实等个人素质。

iii) 企业运营的组织架构，特别是企业的矿产采购和矿产供应链。

iv) 矿源地或运输经过的受冲突影响地区的社会、文化、历史背景，包括审计相关的语言能力和适当的文化敏感度。

v) 所有适用的标准，包括受冲突影响和高风险区域矿石供应链示范政策（附录二）。

c) **问责制：** 可以通过绩效指标在审计目标、范围、标准的基础上，根据审计项目记录对审计人员依照审计方案开展审计工作的能力进行监督。[26]

4. **审计活动：**

a) **审计的准备工作：** 应向审计人员明确传达审计的目标、范围、语言以及标准，且审计工作启动前对被审单位与审计人员之间存在的任何不明之处都应加以澄清。[27] 审计人员应在时间、资源、信息、相关方合作与否等因素的基础上判断审计工作的可行性。[28]

b) **文件审查：** 冶炼/精炼企业受冲突影响区域矿产供应链尽职调查过程中产生所有文件都是这项工作的一部分。所有这些文件的样本都应经过审查，从而"通过记录来判断体系是否符合审计标准"。[29]这包括且不限于供应链内部控制文件（产销监管链文件样本、付款记录）、与供应商的相关沟通和合同条款、企业风险评估过程中取得的文件（包括商业伙伴和供应商、会谈、实地评估的所有记录）、以及风险管理策略的任何文件（例如，就改进指标与供应商达成的协议）。

c) **现场调查：** 开始现场调查之前，审计人员应准备审计计划，[30]以及所有的工作文件。[31] 应对冶炼/精炼企业供应链风险评估取得的证据和冶炼/精炼企业供应链风险管理工作进行核实，收集进一步的证据，并通过相关采访、观察、文件审查核实信息。[32] 现场调查应包括：

i) **冶炼/精炼企业的设施**及其开展受冲突影响及高风险区域矿产负责任供应链尽职调查工作的场所。

ii) **冶炼/精炼企业供应商样本**（国际精矿贸易商、再加工企业和本地出口商），包括供应商的设施。

26　参见 ISO 19011 第 5 章第 6 节。
27　参见 ISO 19011 第 6 章第 2 节。
28　同上。
29　参见 ISO 19011 第 6 章第 3 节。
30　参见 ISO 19011 第 6 章第 4.1 节。
31　参见 ISO 19011 第 6 章第 4.3 节。
32　ISO 19011 第 6.5.4 款 。

iii) **与评估团队举行会谈**（参见附录），评议获取可检验的最新可靠信息的标准和方法，并对冶炼/精炼企业在开展受冲突影响及高风险区域矿产负责任供应链尽职调查工作过程中所依赖的证据中的样本进行审计。在会谈的准备过程中，审计人员应当索要信息并将问题提交给实地评估团队。

iv) **征询当地和中央政府机关、联合国专家组、联合国维和部队、以及当地民间社会的意见。**

d) **审计结论：** 审计人员应依据收集的证据判定冶炼/精炼企业开展的受冲突影响及高风险区域矿产负责任供应链尽职调查工作是否符合本《指南》。审计人员应在审计报告中就冶炼/精炼企业改善尽职调查实践给出建议。

B. 依照上文提出的审计范围、标准、原则、以及活动开展审计工作。

1. **审计工作的实施。** 当前情况下，供应链上所有行为主体都应通过其行业组织展开合作，确保能够依照上文所列的范围、标准、原则、以及活动开展审计工作。

   a) **具体建议——针对本地矿产出口商**

      i) 允许进入企业所在地并查看供应链尽职调查的所有文件和记录。

      ii) 为实地评估团队提供安全便利。进行后勤协调，为审计团队和实地评估团队提供安全的会面地点。

   b) **具体建议——针对国际精矿贸易商和矿产再加工企业**

      i) 允许进入企业所在地并查看供应链尽职调查的所有文件和记录。

   c) **具体建议——针对冶炼/精炼企业**

      i) 允许进入企业所在地并查看供应链尽职调查的所有文件和记录。

      ii) 为审计团队联系其挑选的样本供应商提供便利。

   d) **具体建议——针对所有下游企业**

      i) 建议所有下游企业通过行业组织或其他合适的方式参与和协助对审计人员的任命，并根据本《指南》中的标准和程序对审计条件进行定义。鼓励中小型企业参加这类行业组织或与之建立伙伴关系。

2. **受冲突影响及高风险区域矿产负责任供应链制度化机制。**在各国政府和民间社会的合作与支持下，供应链上所有行为主体可以考虑将上文提出的审计范围、标准、原则和活动纳入对受冲突影响及高风险区域矿产负责任供应链尽职调查工作进行监督和支持的制度化的机制之中。该机制应开展以下活动：

   a) 关于审计工作：

      i) 委派审计人员；

      ii) 对审计工作进行监督和核实；

      iii) 在适当考虑商业机密和其他竞争保密因素的情况下，公布审计报告。[33]

   b) 制定并实施供应商尽职调查能力建设模式，降低供应商的风险。

   c) 接受并跟进利益相关团体对有关企业的申诉。

---

33 参见脚注 12

  《经济合作与发展组织关于来自受冲突影响和高风险区域的矿石的负责任供应链尽职调查指南》©经合组织（2018 年）

步骤五：供应链尽职调查工作年度报告

目标： 公开报告受冲突影响及高风险区域矿产负责任供应链尽职调查工作情况，加强公众对企业正在采取的措施的信心。

A. 每年对受冲突影响及高风险区域矿产负责任供应链尽职调查进行汇报，或在可行的情况下将其作为附加信息纳入年度可持续发展报告或企业责任报告。

A.1. 具体建议——针对所有上游企业

1. 企业管理体系：制定企业供应链尽职调查政策；阐述企业尽职调查工作的管理架构，确定直接负责人；阐述企业确立的矿产供应链控制系统，说明其运作方式，指出哪些已生成数据强化了企业报告期内的尽职调查工作；描述企业的数据库和纪录系统，并对从矿源地到下游行为主体在内的所有供应商的披露方法进行描述；根据 EITI 标准和原则披露向政府进行支付的相关信息。

2. 企业供应链风险评估：在适当考虑商业机密和其他竞争保密因素的情况下，公布风险评估结果。[34] 阐述实地评估采用的方法、惯例、以及取得的信息；解释企业供应链风险评估使用的方法。

3. 风险管理：描述管理风险所采取的步骤，总结风险管理计划中降低风险的策略、能力培养及受影响的利益相关方参与的情况。披露企业开展的绩效监督和跟踪工作情况。

A.2. 具体建议——针对冶炼/精炼企业：

1. 审计：在适当考虑商业机密和其他竞争保密因素的情况下，公布冶炼/精炼企业的审计报告。[35]

34　商业机密和其他竞争保密因素是指不损害后续进一步解读的情况下的价格信息和供应商关系。所有信息都将披露给设立目的为收集和处理受冲突影响和高风险区域矿石信息的地区性或全球性制度化机制。

35　参见脚注 34

A.3. 具体建议——针对所有下游企业：

1. 企业管理体系：制定企业供应链尽职调查政策；阐释负责企业尽职调查工作的管理架构和直接负责人。

2. 风险评估和管理：描述识别供应链上冶炼/精炼企业并对这些企业的尽职调查实践进行评估所采取的步骤，包括公布通过行业核查机制确认符合本《指南》建议的尽职调查程序的冶炼/精炼企业名录。描述采取的风险管理步骤。

3. 审计：在适当考虑商业机密和其他竞争保密因素的情况下 [36]公布企业尽职调查实践的审计报告，并对识别的风险做出回应。

36　参见脚注 34

附录

上游企业风险评估指导

A. 为有效的风险评估创造良好的条件。 规划和构建供应链风险评估时，供应链上游企业应考虑以下建议措施：

1. **采用循证的方法。** 企业风险评估得出的结论应有通过实地评估团队的实地研究而得的可验证、可靠的最新证据为支持。

2. **通过确保企业评估人独立于被评估活动，且不存在利益冲突，保障企业供应链实际情况和风险评估的可靠性和质量。**[37] 企业评估人必须承诺秉承最高的职业道德标准，如实准确地进行汇报，并履行"应有的职业审慎"[38]

3. **确保能力水平适宜，** 尽可能聘请具备以下领域知识和技能的专业人士：所评估的经营环境（如语言能力、文化敏感性等）、冲突相关风险的实质（如附录二中的标准、人权、国际人道法、腐败、金融犯罪、冲突及冲突的融资方、透明度等）、矿产供应链的性质和形式（如矿产采购等）、以及本尽职调查指南中的各项标准和程序。

B. 在矿源地和中转地的受冲突影响和高风险区域建立实地评估团队（后称"评估团队"），以取得和保存有关供应商和矿产开采、贸易、处理、出口等方面环境的信息。 上游企业可以与其他从这些地区供货或在这些地区开展经营活动的上游企业（"合作企业"）合作成立此类评估团队 。

1. 建立评估团队的上游企业应：

   a) 确保评估团队以加强合作和开辟政府机构、民间组织及本地供应商之间交流途径为宗旨，向当地和中央政府征询意见，获取信息。

   b) 确保评估团队定期向了解本地情况、具备专业知识的当地民间社会组织征询意见。

   c) 建立或在适当的情况下支持成立社区监督网络，从而为评估团队提供信息。

37　ISO 19011:2002 第四条
38　ISO 19011:2002 第四条

d) 在供应链上分享评估团队获得和保存的信息。供应链上的企业及设立目的为收集和处理受冲突影响和高风险区域矿石信息的地区性或全球性制度化机制最好能通过可以上网的计算机系统分享这些信息。

2. 建立了评估团队的上游企业应对开展下列活动的实地评估团队的范围和能力进行定义：

a) 取得矿产开采、贸易、处理、出口等环节实际情况的一手证据。这包括：

i) **矿区、运输线路、以及矿产交易地的驻军情况。** 评估团队应对矿区、运输线路、以及矿产交易地的驻军情况进行跟踪。显示矿山、武装团体、贸易线路、路卡、飞机场所在位置的交互式地图能够为企业提供额外的信息。[39] 对矿区、运输线路以及矿产交易地的驻军情况进行跟踪是要发现那些导致直接或间接为非国家武装团体及公共或私人安全武装提供支持的事实情况（如附录二供应链示范政策中所定义的）。

ii) **公共或私人安全武装、非国家武装团体或在矿区、运输线路沿线、或矿产品交易地开展经营活动的其他第三方所犯的（附录二供应链示范政策中定义的）与矿产开采、运输、或贸易相关的严重侵权行为。**

b) 对合作企业提出的具体问题或澄清要求做出回应，并就企业风险评估和风险管理提出建议。所有合作企业都可以就下列内容向实地评估团队提出问题或要求进行澄清：[40]

i) 通过可追溯性和产销监管链获得证据[步骤一（C）]及风险评估[步骤二]。

ii) 根据"了解你的客户/供应商"之要求获得的有关供应商（中间商和出口商）的信息，例如，通过实施反洗钱合规制度所获得的信息。[41]

c) 接受相关利益团体现场提出的申诉并进行评估，与合作企业进行沟通。

39　如，刚果地图、美国国务院地图、IPIS 地图等。

40　应将问题和澄清的内容记录下来，输入可供合作企业共同查询的信息系统，以备未来使用、监督、更新之需。

41　参见反洗钱金融行动特别工作组《基于风险的打击洗钱和恐怖融资的方法指南》（2007 年 6 月）第 3.10 节的内容。

B.1. 具体建议——针对本地出口商

1. 为评估团队在当地的活动提供后勤便利，对评估团队提出的任何协助请求做出回应。

2. 为评估团队与上游所有中间商、批发商、以及承运商进行接触提供便利。

3. 允许评估团队进入所有企业所在地，包括周边国家或有可能发生转运或重新贴标情况的其他国家，并且允许查阅所有簿记，或采购、缴纳税款、费用和特许费情况的其他证据以及出口单证。

4. 允许评估团队获取企业作为尽职调查工作一部分而收集并保留的所有信息，包括向非国家武装团体及公共或私人安全武装支付的费用。

5. 确定相关人员作为评估团队的联络人。

B.2. 具体建议——针对国际精矿贸易商和矿产再加工企业

1. 为评估团队接触所有跨境承运商提供便利，允许他们在未经通知的情况下参与矿产跨境运输。

2. 允许评估团队进入周边国家、其他可能进行转运或重新贴标受冲突影响和高风险区域矿产的国家，或是已知供应链存在漏洞或有可能存在漏洞的国家的国际精矿贸易商和矿产再加工企业拥有的所有场地。

3. 允许评估团队查阅所有簿记，或采购、缴纳税款、费用、特许费情况的其他证据以及出口单证。

4. 允许评估团队获取企业作为尽职调查工作一部分而收集并保留的所有信息，包括向非国家武装团体及公共或私人安全武装支付的费用。

5. 积极向评估团队提供有关其他示警矿源地和中转地的矿产记录。

6. 确定相关人员作为评估团队的联络人。

B.3. 具体建议——针对冶炼/精炼企业：

1. 确定相关人员作为评估团队的联络人。

2. 允许评估团队查阅所有簿记，或采购、缴纳税款、费用、特许费情况的其他证据以及出口单证。

3. 允许评估团队获取企业作为尽职调查工作一部分而收集并保留的所有信息。

C. 建议企业评估回答的问题：这些问题与锡、钽、钨，及其矿石和金属衍生品供应链中引发风险的常见情况有关。

1. **了解矿源地、中转地和/或出口地的受冲突影响和高风险区域的环境**

    a) 对原产国、周边国家、中转国（包括可能的运输路线和开采、贸易、处理、出口等活动所在地）受冲突影响和高风险区域的情况进行研究。相关信息包括（政府、国际组织、非政府组织、以及媒体的）公开报道、地图、联合国的报告和联合国安理会的制裁、有关矿产开采、及其对潜在原产国的冲突、人权、或环境危害造成的影响的行业文章、或其他公开声明（如一些道德养老基金所做的声明等）。

    b) 当地或附近地区是否驻有能够进行干预和展开调查的国际实体，如联合国维和部队？这些体系是否可以用来识别供应链上的行为主体？当地是否有资源途径解决因武装团体驻扎或其他冲突因素引起的忧虑？具有矿业管辖权的相关国家、省和/或地方管理部门是否有能力化解这类忧虑？

2. **了解你的供应商和商业伙伴**[42]

    a) 从开采到实施尽职调查的企业取得矿产监管权的两地之间，供应商或矿产的融资、开采、贸易、运输等环节的其他参与方都是谁？识别供应链上所有重要的行为主体，收集所有权人（包括受益所有权）、公司架构、公司管理人员和董事的姓名、企业所有者权益、其他组织的人员权益、企业和管理人员与商界、政府、政界或军方的关系（尤其要关注与国家武装团体、公共或私人安全武装之间潜在的关系）等方面的信息。[43]

    b) 这些供应商确立了怎样的采购体系和尽职调查体系？供应商采用的供应链政策是什么，他们如何将这些政策纳入管理程序？ 如何对矿产进行内部控制？如何执行各项有关自身供应商的政策和要求？

3. **了解受冲突影响和高风险区域矿石开采的状况**

---

42 参见反洗钱金融行动特别工作组《基于风险的打击洗钱和恐怖融资的方法指南》（2007 年 6 月）第 3.10 节的内容。参见步骤二。

43 参见《指南》第六章关于重信誉的尽职调查的内容，国际石油与天然气生产商协会（第 356 号报告，2004 年）。另外，参见《经合组织治理薄弱地区跨国企业风险认识工具》（2006）第五章"了解客户和商业伙伴"。

a) 矿产确切的原产地在哪里（具体的矿山在哪里）？

b) 采用何种开采方式？ 识别矿产采用的是小作坊及小规模开采（"ASM"），还是大规模开采方式，如果为 ASM 方式，则在可能的情况下，识别是个体小作坊开采者、小作坊开采合作社、小作坊开采协会、还是小型企业。明确向政府机构支付的税收、特许费及费用，以及这些款项的披露情况。

c) 开采状况中是否存在非国家武装团体、公共或私人安全武装在以下一个或多个方面的介入：直接控制矿山或矿山周边运输路线；向矿工征税或勒索矿产；非国家武装团体、公共或私人安全武装及/或其家庭成员和/或关系人享有矿区或矿产权的实益所有权或其他所有者权益；"不当班时"将矿产行业作为第二收入来源；向矿工提供有偿安保，或征收生产税。这些武装团体或部队是否参与冲突，或从中获益？是否曾经参与大规模侵犯人权的活动，或犯有其他罪行？

d) 开采的条件是什么？尤其要确认是否存在以下行为：i) 为了矿产开采而施以任何形式的酷刑、残忍、不人道或有辱人格的待遇；ii) 任何形式的强迫或强制劳动。强迫或强制劳动是指以惩罚作为威胁，迫使任何人提供的、该人并非自愿提供的劳动或服务；iii) 为了采矿而采用最恶劣形式的童工；iv)其他严重侵犯和践踏人权的行为，如矿区或矿产开采过程中出现的大规模性暴力行为；或者 v)战争罪或其他严重违反国际人道主义法的行为，反人类罪或种族灭绝罪。

4. 了解受冲突影响和高风险区域的矿产运输、处理、贸易状况

a) 下游买家是否位于矿区或其他地方？不同矿工开采的矿产是否分别进行处理和加工，出售给下游买家时是否分开存放？如果不是，矿产出售给下游买家时，是在何时何地进行加工、汇集、混合的？

b) 处理矿产的中间商是谁？确认这些中间商中是否据报或涉嫌从事与非国家武装团体有关矿产的开采或交易。

c) 如果属实，公共或私人安全武装或者非国家武装团体在何种程度上直接或间接参与矿产的贸易、运输、或征税？公共或私人安全武装或者非国家武装团体是否以任何方式从其他各方的矿产贸易、运输、或税收中获益，包括利用与中间商或出口商的关系获益？

d) 如果属实，公共或私人安全武装或者非国家武装团体驻扎在贸易和运输线路沿线的兵力部署如何？矿产贸易、运输、或征税过程中是否存在侵犯人权的行为？例如，是否有证据证明使用了强迫劳动、敲诈、胁迫等手段？是否使用了童工？识别是否存在以下行为：i) 为了矿产运输或贸易而施以任何形式的酷刑、残忍、不人道或有辱人格的待遇；ii) 在矿产开采、运输、贸易、或销售过程中采用任何形式的强迫或强制劳动；iii) 为了矿产运输或贸易而采用最恶劣的童工形式；iv)其他严重侵犯和践踏人权的行为，如矿区或矿产运输或贸易过程中出现的大规模性暴力行为；或者 v)为了矿产运输或贸易而犯下战争罪或其他严重违反国际人道主义法的行为，反人类罪或种族灭绝罪。

e) 可以获得哪些信息对下游贸易进行核实，如真实的文件、运输路线、许可、跨境运输、以及是否驻有武装团体和/或公共或私人安全武装等？

5. **了解受冲突影响和高风险区域矿石出口的状况**

a) 出口口岸在哪里，是否有报告或怀疑称出口口岸存在支付通融费或其他贿赂以掩盖矿产原产地或进行欺诈性失实陈述的现象？矿产出口的随行文件有哪些？是否有报告或怀疑称存在（就矿产种类、质量、原产地、重量等内容的）欺诈性失实陈述或不实申报？出口缴纳了哪些税款、关税、或其他费用，是否有报告或怀疑称存在瞒报的现象？

b) 出口运输是如何协调、如何实施的？承运商都有哪些？是否有报告或怀疑称这些承运商参与腐败活动（通融费、行贿、瞒报等）？如何获得出口融资和保险？

有关黄金的增补内容

引言和范围

这份有关黄金的增补内容是《经济合作与发展组织受冲突影响和高风险区域矿石负责任的供应链尽职调查指南》不可或缺的一部分。《指南》引言部分以及附录一（基于风险的矿产供应链尽职调查五步框架）和附录三（建议采用的风险降低措施和衡量改进指标）也适用于有关黄金的增补内容。因此，本增补内容中，"指南"一词既可以指这份有关黄金的增补内容，也可以指《经济合作与发展组织受冲突影响和高风险区域矿石负责任的供应链尽职调查指南》。

这份增补内容根据企业在黄金供应链上所处的不同位置为他们开展受冲突影响和高风险区域黄金供应链尽职调查工作提供了具体的指导，对供应链上、下游企业的角色进行了区分，并给出了相应的尽职调查建议（参见定义）。针对上下游这两大类企业中具体的行为主体给出了具体的建议。不论是拥有、出租、还是出借黄金，这两类企业都应开展尽职调查。

这份增补内容重点介绍了企业所应采取的步骤，以避免在可能产自受冲突影响和高风险地区黄金的供应链上引发冲突和严重侵犯人权。这份增补内容包括了只有在回收材料可能被用来掩盖受冲突影响和高风险区域开采的黄金原产地的情况下，才需要针对回收黄金/黄金碎料、或之前精炼过的黄金（"可回收黄金"）采取的尽职调查措施。储金银行金库、央行金库、交易所和精炼企业中"可查日期"[1] 为 2012 年 1 月 1 日之前的黄金投资产品（金锭、金条、金币、以及密封容器中的金粒）不需要原产地信息（属于"不受新规约束的储备"）。然而，对黄金投资产品需要按照"了解你的交易对手"的原则开展尽职调查，确保在对不受新规约束的黄金储备进行贸易时不会违反国际制裁，或者不会给以受冲突影响和高风险区域黄金储备销售为形式的或相关的洗钱行为提供条件。

为了判断是否适用本增补内容，黄金供应链上的所有企业都应实施步骤一（建立强大的企业管理体系），并且启动步骤二（识别和评估供应链上的风险）从而判断是否确实或可能有从受冲突影响或高风险地区采购黄金。本增补中的其余步骤只适用于那些从受冲突影响和高风险区域采购黄金的企业，以及在这些地区开展黄金供应链经营活动的行为主体。

除了为个体企业提供尽职调查工作所参照的原则、标准和程序之外，《指南》及本增补内容还就新兴行业供应链倡议活动在开展冲突敏感的负责任采购实践过程中应符合的尽职调查原则、标准、程序提出了建议。建立全面的认证机制，如大湖区问题国际会议认证机制和工具，或其他用于判定非冲突

1　"日期可查"是指可以通过检验产品上印铸的日期及盘存清单对日期进行核实。参见定义。

黄金采购实践是否符合本《指南》标准和程序提供核查程序的行业或利益相关方多方倡议计划，以确保供应链不会引发冲突或严重侵犯人权。[2]

本《指南》认识到，在受冲突影响和高风险区域开展尽职调查存在着现实困难。这就需要在开展尽职调查的过程中具有一定的灵活性。尽职调查的性质及恰当程度依个别情况而定，而且受各种因素的影响，如企业的规模、活动所在地、特定国家的情况、所涉产品或服务所在的部门和性质等。应对这些挑战的方式多种多样，包括且不限于以下几种：

- 开展行业合作，进行尽职调查能力建设。

- 分摊行业内特定尽职调查工作的成本。

- 参与负责任供应链管理倡议活动。[3]

- 共用供应商的行业成员之间进行协调。

- 上、下游企业间展开合作。

- 与国际组织和民间社会组织建立伙伴关系。

- 将供应链示范政策（附录二）和本指南具体提出的尽职调查建议纳入现有政策和管理体系以及企业的尽职调查实践之中，如采购实践、诚信、以及了解自己客户的尽职调查措施和可持续性，企业社会责任或其他年度报告等。

《指南》特别认识到，受冲突影响和高风险区域小作坊和小规模黄金开采的尽职调查工作存在挑战。虽然并不对个人、非正式的生产小组或群体等小作坊及小规模黄金生产者按照《指南》的建议开展尽职调查寄予期望，但鼓励他们参与自己客户的尽职调查工作，并走向正规化，从而在将来开展尽职调查。对小作坊及小规模企业，则希望能够开展尽职调查（参见定义）。为了防范在社会和经济方面可能给受冲突影响和高风险区域的包括合法小作坊和小规模采矿者在内的弱势群体[4]带来有害影响，附录中包含了一些建议采取的措施。

鉴于受冲突影响和高风险区域的形势可能急速变化并恶化，经营环境复杂，尽职调查应是一个持续的主动预防、及时应对的过程。在这一过程中，

---

2. 参见经合组织《指南》附录二对引起冲突的定义。

3 例如，这些活动符合《经合组织指南》；电子行业公民联盟（EICC）开展的无冲突冶炼厂计划（Conflict-Free Smelter Program）和全球电子可持续发展倡议行动（GeSI）；无冲突黄金标准，世界黄金协会（2012）；产销监管链认证；责任珠宝业委员会（2012）；小作坊和小规模开采黄金的公平贸易和公平开采标准,负责任采矿基金会联盟/国际公平贸易标签组织（2010）。

4 参见《经合组织跨国企业准则》（2011），第四章人权评注，第 40 段："[...]企业应尊重特定群体或需要特别关注群体中个体的人权，因为企业可能对这些人的人权造成不利影响。联合国机构对土著人，民族、族裔、宗教、或语言少数群体、妇女、儿童、残疾人、以及移徙工人及其家人的权利有更详尽的规定。"

企业应采取合理措施，本着诚信的原则，依照本《指南》，特别是附录二，尽力识别引发冲突和严重侵权行为的风险并做出回应。《指南》提倡通过与供应商展开建设性合作逐步完善尽职调查实践。鼓励企业更广泛地将《指南》纳入其各项负责任商业行为的政策和实践，将正在实施本《指南》的情况告知消费者和公众。企业可以利用本《指南》对其产品是否属于负责任的产品或是否会助长冲突做出合理判断。

《指南》以《经合组织跨国企业准则》和《经合组织治理薄弱地区跨国企业风险认识工具》为基础并与这些文件保持一致。在各国政府的共同参与下，为那些在受冲突影响和高风险区域从事经营或矿产采购活动的企业，就受冲突影响和高风险区域矿石负责任的供应链的各项原则和尽职调查程序提供与适用法律和国际承认的相关标准一致的建议和指导。《指南》就其本身而言，既不能替代包括矿产相关法律在内的国内法律法规，也不应被视为高于国内法律法规。[5]

定义

小作坊及小规模采矿(ASM)——主要以简单的方式正式或非正式地开展勘探、开采、加工、运输等活动的采矿作业。ASM 一般资本密集度低，采用高劳动密集型技术。形式既可以是男女性个体作业，也可以是以家庭、伙伴关系为团队，还可以是合作社或是其他具有法律地位的协会和企业的成员，雇佣数百名、甚至上千名矿工。如常见的 4-10 人组成的生产小组，有时是以家庭为单位，在一个采矿点（挖掘一个矿道）共同开展采矿作业。以组织的形式则通常由 30-300 名矿工组成团队共同开采一个矿床（挖掘多个不同的矿道）。有时，团队间还会共享加工设施。[6]

ASM 企业——就形式和结构而言都足以实施本《指南》的小作坊及小规模实体。依照附录，鼓励所有以小作坊及小规模形式实施开采的矿工发展正式的尽职调查实践。

金条——通指条状或锭状的精炼黄金。

储金银行——（包括零售银行、商业银行、投资银行在内的）银行或金融机构，如从事精炼黄金金融交易的贸易机构。

产销监管链——矿产沿供应链移动过程中对其监管实体依次进行的记录。

5　参见《经合组织跨国企业准则》（2011）第一章第二段。

6　参见 Felix Hruschka 及 Cristina Echavarría, Rock-Solid Chances for Responsible Artisanal Mining, Alliance for Responsible Mining Series on Responsible ASM No.3, 2011.

受冲突影响和高风险区域——经识别存在武装冲突、大面积暴力活动风险的地区，包括犯罪网络引发的暴行，或其他使人民广泛遭受严重伤害的风险的地区。武装冲突的形式多种多样，如国际冲突或非国际冲突，可能涉及两个或两个以上国家，可能由解放战争、叛乱、内战构成。高风险地区指的是那些爆发冲突、发生附录二第一段中定义的大范围或严重侵权行为风险很高的地区。这类地区的特点往往是政局不稳，或存在政治压迫、制度缺陷、不安全因素、民用基础设施崩溃、广泛暴力活动、违反国际国内法律等。

通过黄金的开采、运输、贸易、处理、或出口为非国家武装团体或公共或私人安全武装提供"直接或间接支持"包括，但不限于向非国家武装团体或有以下行为的关联方购买矿产、支付费用、或以其他方式为其提供后勤援助或设备：[7]

i)   非法控制矿区，或以其他方式对运输路线、黄金交易地、以及供应链上游行为主体进行控制；[8]并/或

ii) 在矿区入口、通往矿区的运输线路沿线或黄金交易地非法征税或勒索[9]钱财或黄金；并/或

iii) 对中间商、出口企业、或国际贸易者非法征税或勒索。

尽职调查——尽职调查是一个持续的主动预防、及时应对的过程。作为商业决策和风险管理体系不可或缺的一部分，企业通过这一过程可以识别、防范、降低自身实际和可能造成的负面影响，并相应承担解决这些负面影响的责任。尽职调查有助于确保企业遵守国际法律的各项原则以及国内各项法律法规，其中包括那些对非法矿产贸易进行约束的法律和联合国的制裁决议。

合格交割——能够被交易所或场外交易（"OTC"）市场（如伦敦黄金市场）接受的衡量精炼黄金和黄金精炼企业能力的一套物理指标标准。

---

7   "关联方"包括贸易商、批发商、中间商以及供应链上直接与武装团体合作，为矿产开采、贸易、处理提供便利的其他各方。

8   对矿山、运输路线、黄金交易地、以及供应链上游行为主体进行"控制"是指 i)对开采活动进行监视，包括对进入矿区进行授权、以及/或对下游中间商、出口企业或国际贸易企业的销售进行协调；ii) 在黄金开采、运输、贸易或销售过程中利用任何形式强迫或强制劳动；或 iii) 在上游企业或矿山担任领导或管理人员，或是享有受益权或其他所有者权益。

9   向矿山、运输路线、黄金交易地、或上游企业进行"勒索"是指以暴力或其他手段相威胁，通常以允许开采、使用运输路线、或矿产的运输、购买、销售等活动作为筹码，向被勒索人索要非被自愿支付的款项或黄金。

黄金来源

本指南中，黄金和含金材料可能的来源有三种，对每种来源都提出了不同的尽职调查建议：

- **矿金**——源自（中等规模和大规模开采、或小作坊和/或小规模开采的）矿山，并且之前从未精制过的黄金。矿金的产地就是开采的矿山。矿金在精炼之前的亚类别有：

- **砂金**——从沙子中及通常位于河流或河流附近的冲积矿床中新采集出来的矿金，通常为体积小但肉眼可见的颗粒。砂金一般为"粉"状，偶尔会出现块状精矿。砂金易于运输，易于熔化和/或半精炼成小金锭（纯度一般为85%-92%）。所有这些形态的砂金在用作金块或首饰之前都需进行精炼，但是一般可以无需经过进一步提炼或加工就可直接进行精炼。

- **金原矿**——含金量达到一定经济价值的岩金或金砾。以重量衡量，这一含金量可能很低，如每吨矿石中含有 1 克的黄金。尽管如此，以中等规模和大规模工业化的方式进行开采仍然具有经济价值。考虑到体积和重量较大，金原矿通常不会在远离矿区的地方进行加工。

- **金精矿**——由原矿加工而来的一种纯度更高的中间材料，仍需经过进一步中间加工才能制成金合金。精矿一般会运至附近的炼金厂加工成金合金。

- **金合金**——用新采集的矿金制成的条状金属合金，通常在中型或大型矿山对原矿进行大量处理和冶炼，从而达到更高的精度（通常纯度为85%-90%）。这种形态的矿金还未达到商品级。之后还必须运至精炼厂，中间无需进一步加工直接进行精炼。

- **开采副产品**——其他金属开采过程中生产的黄金，如硫化铜矿石中可能含有微量黄金。黄金为副产品的情况下，要先对其他更为重要的金属进行加工和精炼，之后，再从首先提炼的金属残留物，如铜电解液中对黄金进行提取和精炼。

- **LSM 黄金**——中等规模和大规模开采（参见中等规模和大规模开采定义）方式生产的黄金。

- **ASM 黄金**——小作坊和小规模开采（参见小作坊和小规模开采的定义）方式生产的黄金。

- **可回收黄金**——之前精炼过的黄金，如终端用户、消费者和投资黄金，以及含金产品、碎料和废旧金属、精炼和产品生产过程中的出现的各种材料，回到精炼企业或其他下游中间加工企业，从而以"回收的黄金"的身份开启一段新的生命周期。回收黄金的精炼企业、其他下游中间加工企业或回收企业在黄金供应链上所处的位置视为可回收黄金的原产地。可回收黄金的亚类别有：

黄金来源（接上）

- **未加工的可回收黄金**——仍以回收加工和精炼前的原形态和/或制造废料形态存在的可回收黄金（如金锭、首饰、装饰物、金币、切屑等）。

- **未加工的可回收黄金**——仍以回收加工和精炼前的原形态和/或制造废料形态存在的可回收黄金（如金锭、首饰、装饰物、金币、切屑等）。

- **熔化的可回收黄金**——作为回收程序第一步，经过熔化初步铸成条状或其他尺寸不定、纯度不一的回收黄金。

- **工业副产品**——在加工其他材料的过程中产生的，虽非主要目的产品但仍有用的材料。例如，黄金精炼过程中经常会产生低价值副产品，如高炉瓦斯灰、用过的坩埚和地板上的金属屑等。

1) **不受新规约束的储备**——储金银行金库、央行金库、交易所和精炼企业持有的黄金投资产品（金锭、金条、金币以及密封容器中的金粒），且可查日期是在 2012 年 1 月 1 日之前。这种黄金无需判定其原产地。其中包括第三方替上述实体持有的储备。

- **可查日期**：可以通过检验产品和/或盘存清单上印铸的日期进行核实的日期。

- **多来源黄金**——包括多个来源的黄金（如同时含有矿金和回收黄金）。应根据本增补内容中提出的建议对这些来源进行尽职调查。

行业计划——该词在本《指南》中指的是由某行业组织或类似的行业倡议组织发起和管理的，支持和推进本指南提出的某些或全部建议的倡议活动或计划。行业计划可以作为该组织开展的包括其他目标在内范围更广的活动的一部分。本指南中只要提及行业计划的相关活动及/或倡议都应理解为与本《指南》相一致的活动和/或倡议。

制度化机制——本指南中，该词的意思是由各国政府、行业、以及以支持和推进本指南提出的某些或所有建议为使命的民间社会创立并派代表组成的组织。本指南中只要提及制度化机制的相关活动及/或倡议都应理解为与本《指南》相一致的活动和/或倡议。

合法小作坊和小规模采矿：小作坊和小规模采矿的合法性是一个很难定义的概念，因为这要涉及若干依具体环境而定的因素（参见附录）。本指南中，合法性指的是，除其他外，符合应适用法律的小作坊和小规模采矿行为。[10] 在适用的法律框架未能得到执行，或缺少此类框架的情况下，对小作坊和小规模采矿行为的合法性进行评估不但需要考虑小作坊和小规模采矿者和企业在适用的法律框架内（若有此类框架的话）开展经营活动的诚信，还要考虑他们是否在时机成熟时抓住机会走向正规化（值得注意的是多数情况下，小作坊和小规模采矿者只具备非常有限的或根本不具备能力、技术力量、或充足的财力完成正规化发展）。不论哪种情况，小作坊和小规模采矿方式与所有采矿方式一样，在引发了如《指南》附录二中定义的与矿产开采、运输、或贸易相关的冲突和严重侵权行为时，就不能被视为合法。

管理体系——为确保各项任务得到正确、连贯、有效地执行，从而达到预期效果并不断提高绩效而设立的一套系统框架的管理程序和文件的总和。

中等规模和大规模采矿（LSM）——本指南中，LSM 指的是不能视为小作坊或小规模开采方式的金矿开采作业。

回收商——在黄金进行精炼以开始一个新的循环周期之前，对矿样和试料等可回收黄金/碎料黄金进行收集、汇集、和/或加工，但不属于下文定义的精炼商之列的个人或实体。

精炼商——从黄金合金、砂金、可回收黄金/黄金碎料、或其他含金原料中剔除其他物质从而提纯黄金以达到市场商业质量的个人或实体。

供货商——本词指的是参与供应链，供应黄金和含金材料的任何个人或组织。

供应链——供应链一词指的是黄金从矿源到最终消费者的过程中，参与这一过程的所有活动、组织、行为主体、技术、信息、资源和服务构成的体系。

上游供应链和下游供应链——"上游供应链"的意思是从矿山到精炼商的黄金供应链。"上游企业"包括采矿者（小作坊和小规模企业、或中型和大型黄金开采企业），[11]黄金原产地国家当地的黄金贸易商或出口商、承运商、国际矿金/可回收黄金贸易商和精炼商。对个人、非正式生产小组或社团等小作坊和小规模黄金生产者，虽然鼓励他们参与其客户的尽职调查工作，并走向正规化，以便将来能够开展尽职调查，但并不期望将

10　参见 Vision for Responsible Artisanal and Small-scale Mining in Alliance for Responsible Mining (Echavarria, C. et. al. Eds.), (2008) The Golden Vein – A guide to responsible artisanal and small-scale mining. ARM Series on Responsible ASM No. 1. Medellin.

11　此处所指包括由政府所有、或者由政府或其他国有企业控制或领导的矿工，加工企业和精炼企业。

他们纳入需要根据本指南开展尽职调查的上游企业的行列。

下游供应链和下游企业——"下游供应链"的意思是，从精炼商到零售商之间的黄金供应链。"下游企业"包括精炼黄金贸易商和黄金市场，储金银行和交易所或其他拥有自己的黄金储备的实体、首饰制造商和零售商、以及其他在产品制造过程中用到黄金的企业（如电子设备或医疗设备制造商和零售商）。

供应链尽职调查： 就负责任的矿产采购供应链尽职调查而言，基于风险的尽职调查指的是企业所应采取的措施，籍此识别、防范、降低实际和潜在的负面影响，并且确保尊重人权，其供应链活动不会助长冲突[12]。[13]

---

12 参照《经合组织尽职调查指南》附录二中的定义。

13 《经合组织跨国企业准则》（OECD，2011）；《经合组织治理薄弱地区跨国企业风险认识工具》（OECD，2006）；
《工商企业与人权：实施联合国 " 保护、尊重和补救 " 框架指导原则》，2011 年 3 月 21 日（A/HRC/17/31）。

图 2 来自受冲突影响和高风险区域黄金的供应链风险

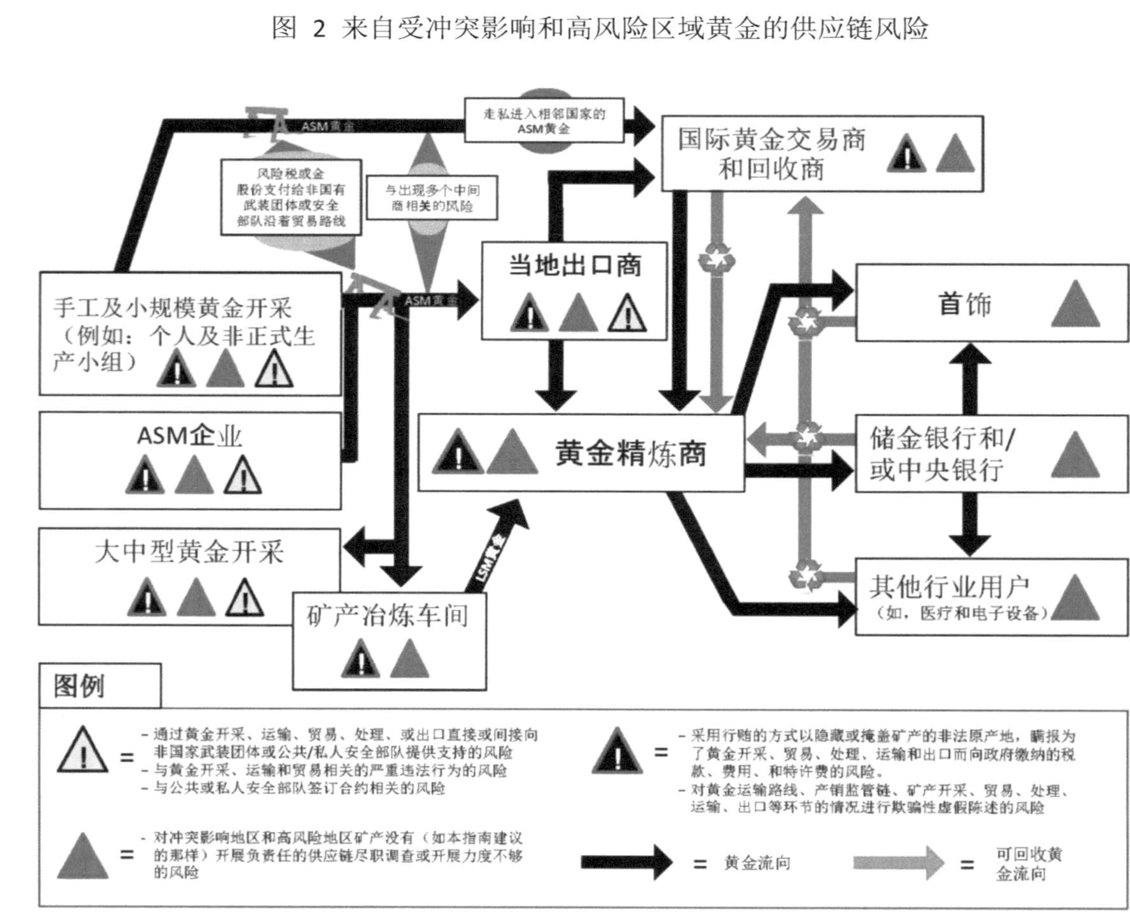

步骤一：建立强大的企业管理体系

目标： 确保黄金供应链上的企业现有尽职调查体系和管理体系适合有效开展尽职调查工作。

第一节——针对所有黄金供应链企业的总体建议

A. **对可能产自受冲突影响和高风险区域的黄金，采用并致力施行识别和管理风险的供应链政策。** 对供应链上所有企业而言，该政策应包括：

1. 政策性承诺，形成受冲突影响和高风险区域黄金负责任供应链通用原则和标准。企业可以对照这些原则和标准，对自身及供应商的活动和关系进行评估。该政策应与《指南》附录二供应链示范政策中提出的标准相一致。

2. 一套能够确保风险得到充分管理的清晰一致的管理程序。企业应致力于实施本增补内容就各确定层面而相应提出的尽职调查步骤和建议。

B. **构建支持供应链尽职调查的内部管理体系。** 供应链企业应：

1. 将供应链尽职调查程序的监督权力和责任交给具备必要能力、知识和经验的高层员工。

2. 确保能够获得必要的资源以支持这些程序的运行和监督。

3. 确立能够将包括企业政策在内的重要信息传达给相关员工和供应商的组织架构和沟通程序。酌情开展培训。企业可以考虑采用行业计划或制度化机制制定的培养模式。

4. 确保针对供应链尽职调查程序的实施建立内部问责机制。

C. **建立黄金供应链的透明度、信息收集及控制体系。**

1. 建立供应链尽职调查程序、结果及相应决策的内部簿记制度。这一过程不仅包括步骤一的尽职调查工作，还包括针对受冲突影响和高风险区域黄金供应链额外开展的尽职调查工作（步骤二至步骤五）。

2. 保留内部库存和交易的记录以供查阅及确定以往黄金输入和输出之用，以及/或为产销监管链体系提供支持（参见步骤三（B））。这一过程包括：

    a)   关于黄金和含金物质的形态、类型、物理描述的信息。含金物质有金原矿、金精矿、金合金、砂金、回收黄金、金块、首饰加工原材料及/或产品、电子元件，以及镀金熔液等（参见本增补内容的"定义"部分）。

    b)   供应商提供的有关黄金和含金原料的重量和成分信息，及黄金输入和产出的重量和成分的鉴定信息。

    c)   有关供应商的详细信息，包括遵照反洗钱金融行动特别工作组（FATF）的 40 条建议，本着"了解你的交易对手"的原则（"KYC"）开展尽职调查所收集的信息。[14]

    d)   每一批次的输入和输出都标注唯一的编号。

    e)   输入和输出的日期、购买日期和销售日期。

3. 在合理可行的情况下，黄金交易的收付款最好经由正式的银行渠道进行。尽可能地避免现金采购，并且确保所有无可避免的现金采购都辅以可供核实的单证。

4. 与执法机关就黄金交易展开全面、透明的合作。允许海关人员检查所有跨境货物或其他属于海关管辖范畴的货物的完整信息。

5. 上述收集的信息至少保留五年，且最好保存在电脑数据库中。

D. 加强企业与供应商的互动。供应链上的企业应设法加强自己对供应商的影响，敦促供应商实施与附录二及本《指南》中的尽职调查程序相一致的供应链政策。为此，企业应：

1. 计划确立与供应商的长期关系，从而建立负责任的采购关系。

2. 向供应商传达企业对于依照《指南》附录二和本增补内容，开展受冲突影响和高风险区域黄金负责任的供应链尽职调查的期望。企业尤其应当向供应商传达他们的意愿，提出希望供应商能够根据本《指南》附录二要求，针对供应链中已识别的风险制定风险管理策略。

3. 将《指南》提出的供应链政策纳入与供应商签订的商业合同和/或书面协议中，从而加以实施和监督。[15]

14　参见反洗钱金融行动特别工作组（FATF）的四十条建议，（2003）。另外，还请参见《针对贵金属和宝石经销商的以风险为基础的反洗钱指南》（2008）。

15　有关供应商监督和违规情况管理的信息，参见步骤二—步骤五。

4. 考虑采取措施支持供应商提高绩效、遵守企业供应链政策，帮助供应商进行能力建设。[16]

5. 致力于开展风险管理。供应商一道制定能够加以衡量的改进计划，并在相关且适当的情况下请地方和中央政府、国际组织和民间社会参与制定[17]

E. **建立企业和/或矿区申诉机制。** 根据在供应链上所处位置，企业可以：

1. 建立风险预警机制，使任何利益方（受到影响的个人或举报人）都能就受冲突影响和高风险区域黄金开采、贸易、处理和出口的情况表达自己的担忧。这一机制可以使企业对实际情况和风险评估之外供应链中存在的风险有所警觉。

2. 直接提供这种机制，或者与其他企业或机构合作，如行业计划或制度化机制，还可以求助于外部专家或团体（即监察员）。

第二节——具体建议

A. 针对中型和大型黄金开采企业及小作坊和小规模开采企业：

1. 输出的每一批次产品，如条状金合金或装在容器中的砂金等，都分配一个具有唯一性的编号，，并以如果涂改或撕毁会留下明显印记的方式，贴在和/或印在输出的所有产品上。

2. 对黄金采用物理安全措施。例如，运输过程中以如果涂改或撕毁会留下明显印记的方式装入密封的保险箱。在受冲突影响和高风险区域，这种物理安全措施应由值得信赖的合适的第三方（如海关当局、独立审计机构、行业计划或制度性机制）进行核查。

3. 支持实施《采掘行业透明度行动计划》(EITI)提出的原则和标准。[18]

B. 针对矿金和可回收黄金的本地出口商、回收商、国际贸易商：

1. 根据收到和生产的金条、金锭和/或黄金的批次，为输入输出的所有产品都分配一个具有唯一性的内部编号，并以如果涂改或撕毁会留下明显印记的方式，贴在和/或印在输出的所有产品上。

16　参见步骤三，"降低风险"
17　参见步骤三，"降低风险"
18　有关 FITI 的信息，参见 http://eiti.org/. 关于企业如何支持 EITI 的指导，参见
　　http://eiti.org/document/businessguide

2. 为其他上游企业采用的物理安全措施提供协调和支持。货物如果有涂改的迹象应立即汇报。只有经过授权的人员才能对货物进行拆封和开启。

3. 对所有货物进行初步检查，看其是否与供应商提供的黄金类型的信息相吻合，如砂金、金合金、未经加工的可回收黄金或熔化后的可回收黄金。对黄金生产商和/或发货人提供的重量和质量信息进行核实，并对核实进行记录。初步检查若发现货物与发货人提供的信息不符应立即向内部安全部门和负责企业尽职调查工作的人员汇报，在单货不符的情况未得到解决之前，不会进一步采取行动。

4. 对任何未解决单货不符问题的货物进行物理隔离，并加以保护。

5. 为了排除剥削小作坊及小规模黄金生产商而来的黄金，在可能的情况下尽量与合法的小作坊及小规模黄金生产商或其代表进行直接交易。

C. 针对精炼商：

1. 根据收到和生产的金条、金锭和/或黄金的批次，为所有输入输出的产品都分配一个具有唯一性的内部编号。该编号应与收集到的该黄金输入和输出的所有信息，以及通过尽职调查获得的供应商"KYC"信息和黄金原产地等信息相对应。

2. 为其他上游企业采用的物理安全措施提供协调和支持。货物如果有涂改的迹象应立即汇报。只有经过授权的人员才能对货物进行拆封和开启。

3. 对所有货物进行初步检查，看其是否与供应商提供的黄金类型的信息相吻合，如砂金、金合金、未经加工的可回收黄金或熔化后的可回收黄金。对黄金生产商和/或发货人提供的重量和质量信息进行核实，并对核实情况进行记录。

4. 初步检查若发现货物与发货人提供的信息不符应立即向精炼商安全部门和企业负责尽职调查工作的人员汇报，在单货不符的情况未得到解决之前，不会进一步采取行动。

5. 对任何未解决单货不符问题的货物进行物理隔离，并加以保护。

6. 对产出的所有黄金进行记录并以一定的方式（如以物理的方法在黄金产品上进行印铸，以及/或以如果涂改或撕毁会留下明显印记的方式贴在包装材料上）通过下列信息对其进行辨识：

   a) 精炼商的名称和/或印章/商标。

b)   精炼/生产年份。

c)   每批产出的具有唯一性的编号（如序列号、电子标识或其他可行的方式）。

D.   针对储金银行：

1.   为储金银行持有的所有黄金建立盘存清单，其中包括每块黄金收到的日期及来源信息。[19] 清单中应包括有关"不受新规约束的储备"的记录。

2.   应客户要求，尽可能提供尽职调查实践经独立审查符合本《指南》的精炼商的黄金。

3.   保留黄金上印铸信息的记录，并在下游企业对黄金进行实物交割时保留其交易号。

4.   根据进行实物交割的直接下游企业的要求提供黄金上印铸的信息及交易号。

E.   针对所有其他下游企业（如，黄金和黄金材料下游用户及含金物品制造商）

1.   要求供应商提供含金材料和产品的上游（各）黄金精炼商的识别信息，可以采用直接搜集的方法，如果有的话，也可以查看精炼黄金产品上印铸的唛头，也可以从其他下游产品供应商或储金银行提供的信息中获取信息。

2.   确认（各）黄金精炼商后，则要对（各）精炼商是否依照本增补内容开展尽职调查进行查证。如果可能，参考审计条款中包含本指南的标准和程序的行业计划或制度化机制所认可的审计结果。

3.   将含金材料和产品（各）上游精炼商的识别信息传递给下游客户。

---

19   盘存清单通常包括的全部信息有：批次名；收货日期；金属；类型（如，大块金条）；序列号；合格交割/不合格交割；总箱数；总件数；当前重量；托盘；金条；精炼商；总重量；成分检定。

步骤二：供应链风险的识别和评估

目标：对受冲突影响和高风险区域黄金开采、汇集、运输、贸易和出口的风险进行识别和评估。

黄金供应链企业应利用步骤一环节所确立的强大的管理体系，对自身生产或通过自身供应链购买的有可能引发冲突或严重侵犯人权的风险进行识别和评估。

上游企业可以通过联合倡议活动以合作的方式实施本节提出的建议，但保留各自的尽职调查责任，并应确保所有共同开展的工作都适当考虑各企业具体的情况。

第一节——大中型黄金开采企业和小作坊及小规模采矿企业的风险评估（"黄金生产商"）

A. 判断黄金生产商是否在受冲突影响或高风险区域进行黄金开采或运输（"亮红旗示警的经营活动"）。为此，依据可靠渠道获得的证据对每个黄金产地和运输地的环境进行评估，[20]本着诚信的原则，根据本增补引言部分内容合理判断是否属于受冲突影响和高风险区域。

1. 如果黄金生产商能够在步骤一环节收集的信息的基础上做出合理判断，确认企业并未在受冲突影响或高风险区域从事黄金开采或运输活动，就无需开展额外的尽职调查工作。步骤一环节建立的管理体系需保持并定期评议。

2. 如果黄金生产商判定企业在受冲突影响或高风险区域从事黄金生产或运输活动，则进入步骤二（B）程序。

B. 还要判断黄金生产商是否购买了任何（如来自小作坊及小规模矿源的黄金）有可能来自受冲突影响或高风险区域的黄金。为此：

1. 黄金生产商从其他渠道购买矿金，且其中有可能包括 ASM 黄金的情况下，要对他们所在的所有矿区和/或冶炼车间进行识别。

---

20 查阅各国政府、国际组织、非政府组织所做的研究报告，以及媒体、地图、联合国报告和联合国安理会制裁、有关矿产开采、及其对潜在原产国的冲突、人权、或环境危害造成的影响的行业文章、或其他公开声明（如道德养老基金所做的声明等）。企业还应参考通过利益相关方多方倡议活动制定的任何有关受冲突影响和高风险区域的标准和指标，包括在经合组织推动下正在开展的本指南的实施工作。

2. 审核步骤一环节得到的关于供应商的"KYC"信息，并依靠一手证据和可靠来源收集这些其他渠道的原产地和运输方面的其他信息。

3. 本着诚信的原则，对其他渠道矿金供应链中是否存在任何下列"示警信号"进行识别。

黄金产地和运输地示警信号：

● 黄金源自或其运输路线经过受冲突影响或高风险区域。

● 黄金所称原产国为已知储量或储备有限，或可能拥有的资源或预期生产水平有限的国家（即宣称的来自该国的黄金产量与其已知储量或预期生产水平不符）。

● 黄金所称原产国为已知的或有理由怀疑的受冲突影响和高风险区域黄金的转运国。

● 黄金声明是来自可回收黄金/黄金碎料或多个渠道，且精炼国为已知的或有理由怀疑的受冲突影响和高风险区域黄金的转运国。

这每一个基于几点的示警信号在反洗钱法、反腐败法、海关监管、以及其它相关的政府监管法律得不到有效落实时，风险会进一步增加。存在非正式银行体系，且大量使用现金的情况下，风险也会增加。

供应商相关示警信号：

● 供应商或其他已知上游企业在上述示警金矿产地或中转地之一开展经营活动，或系上述示警金矿产地或中转地黄金供应商的股东或与之存在其他利益关系。

● 供应商或其他已知上游企业据悉在过去十二个月内曾经从示警金矿产地和中转地采购过黄金。

示警相关情况：

● 通过步骤一环节收集的信息识别反常或异常情况。这些信息让人有理由怀疑该黄金有可能引发与黄金开采、运输或贸易相关的冲突或严重侵权问题。

a) 未发现示警信号：若黄金生产商能够做出合理判断，认为供应链中没有出现这些示警信号，则无需对该供应链开展额外的尽职调查。步骤一环节建立的管理体系需保持并定期评议。

b)　发现示警信号，或信息不明：黄金生产商发现自身黄金供应链中存在示警信号，或没有理由排除黄金供应链中存在一个或多个示警信号，都应进入下面的步骤二（C）。

C.　对黄金生产商正在开展和计划开展的存在示警信号的经营活动和其他黄金来源的实际情况进行分析。

1.　对所有示警地点的环境和示警供应商的尽职调查实践进行深入审查：

a)　分析各国政府、国际组织、非政府组织所做的研究报告，以及媒体、地图、联合国报告和联合国安理会的制裁、有关矿产开采及其对潜在原产国的冲突、人权、或环境危害造成的影响的行业文章、或其他公开声明（如一些道德养老基金所做的声明等）。

b)　征询地方政府和中央政府、当地民间社会组织、社会网络、联合国维和部队、以及本地供应商的整体意见。对合作企业提出的具体问题或进行解释的要求做出回应。

c)　（通过案头调研；对黄金供应商进行现场走访；根据风险对采购记录进行相应的随机抽样检验；如果可以，对采购、以及反洗钱和反恐融资（AML-CFT）程序和指令进行检查和评估等方式）对上游供应商是否制定了与本《指南》相符的政策和管理体系，以及这些政策和管理体系是否有效做出判断。

2.　**建立实地评估团队。**经营活动存在示警信号或有其他矿金来源的黄金生产商应建立实地评估团队（后称"评估团队"）以取得和保存有关黄金开采、贸易、处理、精炼、出口（见下文）情况的信息。虽然黄金生产商各自仍有责任确保收集必要的数据，但可能会希望通过与自己的客户或其他从这些地区供货或在这些地区开展经营活动的供应链上游企业建立合作团队，或者通过行业计划或制度化机制为数据收集工作提供便利。不可能建立"合作"团队，或不愿开展合作的情况下，企业应独立开展实地评估。正在建立实地评估团队的企业及其他有关的利益方应：

a) 促成与其他企业共同开展实地评估时应考虑下列因素：参与企业的规模及开展尽职调查可用的资源；每家企业获得实地信息的能力及在供应链上所处的位置；通过反复核对企业提供的其所有黄金输入的数据，确认其尽职调查工作的可靠性。[21]

b) 确保评估人员独立于其所评估的活动且不存在利益冲突。[22] 企业评估人必须承诺秉承最高的职业道德标准，如实准确地进行汇报，并履行"应有的职业审慎"。[23]

c) 通过尽可能聘请具备以下领域知识和技能的专业人士确保相应的能力：所评估的经营环境（如语言能力、文化敏感性等）、冲突相关风险的实质（如附录二中的标准、人权、国际人道法、腐败、金融犯罪、冲突及冲突的融资方、透明度等）、黄金供应链的性质和形式（如矿产采购等）、以及本《指南》中的各项标准和程序。

d) 允许评估团队检查由企业控制或影响的矿山、中间商、批发商、及/或承运商，包括：

   i) 实际进入其所在地，包括可能转运或重新贴标的其他国家的经营场所；
   ii) 允许查阅所有簿记，或采购、缴纳税款、费用和特许费情况的其他证据，以及出口单证。
   iii) 为在当地的活动提供后勤支持和协助；
   iv) 保护企业自身以及任何提供信息的人的安全。

e) 在适当情况下，建立或支持成立社区监督网络和/或利益相关方多方信息组织，为评估团队提供信息。如有可能，修订、增加或创建可以显示矿山、武装团体、贸易线路、路卡、飞机场所在位置的交互式地图。

---

21 例如，对于那些产自大型矿山的黄金，黄金生产商或许最有条件在矿区收集相关的实地信息，而其他上游企业则要确保这些信息是根据本《指南》进行收集和保存的，并且应当收集从黄金生产商到精炼商之间情况的其他信息。

22 ISO 19011: 2002 第四条

23 ISO 19011: 2002 第四条

3. 对于 LSM 黄金（无论是由存在示警经营活动的大中型矿产企业开采，或是从其他渠道采购），为了判断风险，需取得有关黄金开采、加工、贸易、处理、运输、出口（如果适用）等环节实际情况的证据，可能包括：

a) 每批产品涉及的所有金矿的地点和识别名称。

b) 黄金加工地点，例如，汇集、混合、粉碎、碾压、并最终熔炼成金合金或砂金产出。

c) 黄金加工和运输的方法。

d) 黄金以怎样的方式运输和加工，以确保诚实，注重安全。

e) 运输线路所在的位置、黄金交易地、以及（如果适用）进出口贸易中跨越边境的地点。[24]

f) （各）矿山当前的产量和生产能力，将矿山生产能力与矿山产量记录进行比对分析，并对不符之处进行记录。

g) 矿山（各）冶炼车间目前的加工产量和加工能力，将加工能力与加工产量记录进行比对分析，并对不符之处进行记录。

h) 对黄金处理过程中（如物流、加工商、承运商等）或在矿区和运输线路沿线提供安保服务的所有第三方服务提供商进行识别，并本着"了解你的交易对手"的原则取得相关信息。识别工作应由下列措施组成，但应根据风险的敏感度决定措施的使用范围：

    i) 识别企业所有权（包括受益所有权）及公司架构，包括企业管理人员和董事的姓名；

    ii) 识别相关业务、下属企业、母公司、关联企业；

    iii) 利用可靠、独立的原始凭证、数据或信息对企业的身份进行核实（如商业登记、开采信息、公司执照等）；

---

24 如果承运商出于安全考虑不愿披露这一信息，上游企业应确保承运商遵照本指南对这些运输线路的风险进行评估。上游企业应要求承运商提供一份有关运输路线风险评结果的详细报告（如识别的风险以及针对这些风险所采取的措施等）。上游企业应按照步骤五对这些风险进行汇报。在上游企业未使用承运商，或可以获得有关运输路线的信息的情况下，则应自行对运输路线的风险进行评估，并按照步骤五对风险进行汇报。

iv) 核对政府风险监察名录信息（如联合国制裁名单、海外资产控制办公室指定国民名单、检索 World-Check）；

v) 识别企业与政府、政党、军队、犯罪网络或非国家武装团体的关联，包括有关企业与非国家武装团体及/或公共或私人安全武装之间存在关联的任何报道实例。

i) 经营许可证，如开采许可证、出口许可证等。

j) 向政府缴纳的所有与黄金开采、贸易、运输、出口相关的税收、费用、或特许费。

k) 向政府机构和官员支付的与黄金开采、贸易、运输、出口相关的所有款项或补偿金。

l) 从开采开始的供应链各个环节下向公共或私人安全武装或其他武装团体支付的所有费用，适用法律禁止的除外；

m) 在矿区、运输路线以及黄金处理或加工过程中的所有环节使用的安保服务。

n) 安保人员的培训及遵守《安全与人权自愿原则》的情况。

o) 根据《安全与人权自愿原则》对所有安保人员仔细进行筛查，并对安全风险进行评估。

p) 矿区、运输线路、以及黄金交易地点和出口地点的驻军情况

q) 任何一方在矿区、运输路线、以及黄金贸易地和/或加工地犯下的任何严重侵权行为的证据（酷刑，残忍、不人道和有辱人格的待遇，强迫或强制劳动，最恶劣的童工形式，严重侵犯人权的行为，战争罪，或其他严重违反国际人道主义法的行为，反人类罪或种族灭绝罪）。

r) 为非国家武装团体及公共或私人安全武装提供任何直接或间接支持的信息（参见定义）。

s) （如果有相关性）小作坊及小规模采矿者经黄金生产商许可开展经营活动的矿区数量和名称，对矿工人数进行估计，并就是否可以将他们的活动看作是合法的小作坊及小规模采矿行为进行评估（参见定义）。

t) （如果有相关性）大中型采矿者与小作坊及小规模采矿者之间存在冲突或关系紧张的具体实例。

u) （如果有相关性）ASM 黄金或来自其他渠道的黄金在黄金生产商不知情的情况下进入其加工环节（如矿产冶炼车间），并且/或假称由黄金生产商开采的任何实例、报道或嫌疑。

4. **对于 ASM 黄金（无论是由存在示警经营活动的小作坊及小规模企业开采，或是被大中型黄金开采企业购买），需**取得有关黄金开采、加工、贸易、处理、运输、出口等环节实际情况的证据。企业应参照步骤三（C）和本增补内容附录对当前采取的措施进行补充，以逐步收集下列信息，从而为小作坊及小规模采矿者提供协助，使他们能够建立安全、透明、经得起检验的黄金供应链。

a) 利用可靠、独立的原始凭证、数据、或信息对矿金的所有其他渠道供应商进行识别；有关这些供应商与政府、政界、军方存在关联的任何信息，尤其是任何经过报道的与非国家武装团体及/或公共或私人安全武装存在关联的例子；这些供应商进行采购的地理区域。

b) 矿源，运输路线、黄金贸易地点。

c) 小作坊采矿团队或团体，并评估是否可以将这些群体的活动看做是合法的小作坊及小规模采矿行为（参见定义）。

d) 黄金加工和运输的方式。

e) 向政府机关和官员缴纳的税收、特许费和费用。

f) 对黄金处理过程中（如物流、加工商、承运商等）或在矿区和运输线路沿线提供安保的所有第三方服务提供商进行识别，并本着"了解你的交易对手"的原则取得相关信息。识别工作应由下列措施组成，但应根据风险的敏感度决定措施的使用范围：

i) 识别企业所有权（包括受益所有权）及公司架构，包括企业管理人员和董事的姓名。

ii) 识别相关业务、下属企业、母公司、关联企业；

iii) 利用可靠、独立的原始凭证、数据或信息对企业的身份进行核实（如商业登记、开采信息、公司执照等）；

iv) 核对政府风险监察名录信息（如，联合国制裁名单，海外资产控制办公室指定国民名单，检索 World-Check）；

v) 识别企业与政府、政党、军队、犯罪网络或非国家武装团体的任何关联，特别是有关企业与非国家武装团体及/或公共或私人安全武装之间存在关联的任何报道实例。

g) 矿区、运输线路、以及黄金交易地点和出口地点的驻军情况

h) 任何一方在矿区、运输路线、以及黄金交易地和/或加工地犯下的任何严重侵权行为的证据（酷刑，残忍、不人道和有辱人格的待遇，强迫或强制劳动，最恶劣的童工形式，严重侵犯人权的行为，战争罪，或其他严重违反国际人道主义法的行为，反人类罪或种族灭绝罪）。[25]

i) 为非国家武装团体及公共或私人安全武装提供任何直接或间接支持的信息（参见定义）

j) 大中型采矿者与小作坊及小规模采矿者之间存在冲突或关系紧张的具体实例。

k) 来自其他渠道的黄金在不被察觉的情况下进入黄金供应链，并且/或者以虚假信息进行欺骗的任何实例、报道、或嫌疑。

D. 对供应链上的风险进行评估。 通过记录企业示警供应链的实际情况，收集和了解信息并进行评估。如果企业有理由认为所获信息与下列相关要求不符，则应将其视为"风险"：

1. 与本《指南》附录二相符的企业供应链政策。[26]

2. 本《指南》中的尽职调查标准和程序，以及通过本《指南》步骤一环节获得的信息。

3. 企业驻地或公开交易地（如果适用）所在国法律；黄金可能产地的国家法律；以及中转国或再出口国的国家法律。

4. 约束企业经营和业务关系的法律文件，如融资协议、承包协议、供应商协议等。

25　参见《经合组织尽职调查指南》（2011）附录二第一段。

26　参见上文步骤一（A）及附录二。

5.　　其他相关的国际文书，如《经合组织跨国企业准则》、国际人权和人道主义法、国际反洗钱建议和指南。

第二节——本地出口商、回收商、矿金/可回收黄金国际贸易商及精炼商的风险评估

A.　　**判断黄金产地。** 供应链风险评估要从黄金供应的源头开始。不同的产地风险不同，风险评估的类型也有所不同（参见增补内容引言部分图一——受冲突影响和高风险区域黄金供应链风险）。有关黄金产地的所有判断都应基于企业本着合理、诚信的原则开展的工作，依据步骤一环节所搜集的证据，并辅以（通过与供应商合作和开展案头调研收集的）一手证据和可信渠道信息。[27] 为了对黄金产地做出合理的判断，本地黄金出口商、国际黄金贸易商和精炼商应依据风险大小采取相应步骤评估和核实供应商的陈述。

1.　　**对于矿金**，不论是小作坊及小规模开采，还是大中型开采，原产地即为矿山本身。

　　　a)　　副产品开采除外，例如从不属于本《指南》范畴的矿产铜的开采过程中获得的黄金。[28] 副产品黄金原产地应为痕量金最初从原始矿石中分离出来的地点（如精炼厂）。精炼商的尽职调查应确保不会出现新开采的黄金假借开采副产品来掩盖其原产地的情况。

2.　　**对于可回收黄金，** 原产地是其成为可回收黄金的地点（即，收集黄金重新进入产业来回收其贵金属价值的地点），例如，黄金初次回售给黄金回收商/精炼商的地点。黄金变为可回收黄金的地点为可回收黄金的新的原产地。精炼商的尽职调查应审查该原产地，从而排除新开采的黄金假借这一渠道掩盖其原产地的现象。

27　查阅各国政府、国际组织、非政府组织所做的研究报告，以及媒体、地图、联合国报告和联合国安理会制裁、有关矿产开采、及其对潜在原产国的冲突、人权、或环境危害造成的影响的行业文章、或其他公开声明（如道德养老基金所做的声明等）。企业还应参考通过利益相关方多方倡议活动制定的任何有关受冲突影响和高风险区域的标准和指标。

28　例如，在将硫化铜矿石充分提炼成为纯度为 99.99% 的电解铜之前，是无法将其中的痕量金独立分离出来制成黄金的。将铜分离出来后，电解槽残留物中的痕量金浓度约为 2%，这些残留物被卖给黄金精炼商用于提纯黄金。

3. **不受新规约束的储备**，若"可查日期"显示黄金是在 2012 年 1 月 1 日之前制成当前形态的，则无需判断其原产地。只有在出现"示警供应商"（参见下文）的情况下，才需要对供应商开展额外的尽职调查，以确保不受新规约束的储备的交易和销售不会违反联合国制裁决议，或使受冲突影响和高风险区域黄金储备销售所引起或与之有关的洗钱活动成为可能。

B. **识别黄金供应链中存在的示警信号**。企业应当根据黄金原产地信息，以及步骤一环节获得的信息（包括供应商的所有"KYC"信息），发现矿金、可回收黄金或现有黄金储备的供应链是否存在下列'示警信号'：

黄金产地和运输地示警信号：

- 黄金源自或其运输路线经过受冲突影响或高风险地区。

- 黄金所称原产国为已知储量或储备有限，或可能拥有的资源或预期生产水平有限的国家（即宣称的来自该国的黄金产量与其已知储量或预期生产水平不符）。

- 黄金所称原产国为已知的或有理由怀疑的受冲突影响和高风险区域黄金的转运国。

- 黄金声明是来自可回收黄金/黄金碎料或多个渠道，且精炼国为已知的或有理由怀疑的受冲突影响和高风险区域黄金的转运国。

这每一个基于地点的示警信号在反洗钱法、反腐败法、海关监管、以及其它相关的政府监管法律得不到有效落实时，风险会进一步增加。存在非正式银行体系，且大量使用现金的情况下，风险也会增加。

供应商相关示警信号：

- 供应商或其他已知上游企业在上述示警金矿产地或中转地之一开展经营活动，或系上述示警金矿产地或中转地黄金供应商的股东或与之存在其他利益关系。

- 供应商或其他已知上游企业据悉在过去十二个月内曾经从示警金矿产地和中转地采购过黄金。

示警相关情况：

● 通过步骤一环节收集的信息识别反常或异常情况。这些信息让人有理由怀疑该黄金有可能引发与黄金开采、运输或贸易相关的冲突或严重侵权问题。

a) **未发现示警信号：** 若本地黄金出口商、国际黄金贸易商或精炼商能够做出合理判断，认为供应链中没有出现这些示警问题的，则无需对该供应链开展额外的尽职调查。步骤一环节建立的管理体系需保持并定期评议。

b) **发现示警信号，或信息不明：** 本地黄金出口商、国际黄金贸易商或精炼商发现自身黄金供应链中存在示警信号，或没有理由排除黄金供应链中存在的一个或多个示警信号的，都应进入下面的步骤二（C）。

C. 记录企业正在经营和计划经营的（各条）示警供应链的实际情况。

1. 对所有示警地点的环境和任何示警供应商的尽职调查实践进行深入审查：

a) 查阅各国政府、国际组织、非政府组织所做的研究报告，以及媒体、地图、联合国报告和联合国安理会的制裁、有关矿产开采及其对潜在原产国的冲突、人权、或环境危害造成的影响的行业文章、或其他公开声明（如道德养老基金所做的声明等）。

b) 征询地方政府和中央政府、当地民间社会组织、社会网络、联合国维和部队、以及本地供应商的整体意见。对合作企业提出的具体问题或进行解释的要求做出回应。

c) （通过案头调研；对黄金供应商进行现场走访；根据风险对采购记录进行相应的随机抽样检验；如果可以，对采购、以及反洗钱和反恐融资（AML-CFT）程序和指令进行检查和评估等方式）对上游供应商是否制定了与本《指南》相符的政策和管理体系，以及这些政策和管理体系是否有效做出判断。

2. **对于矿金，建立实地评估团队。** 经识别发现存在示警信号的本地黄金出口商、国际黄金贸易商或精炼商不论在什么情况下，都各自有责任确保收集有关企业示警供应链实际情况的信息。经识别发现存在示警信号的本地黄金出口商、国际黄金贸易商或精炼商应建立实地评估团队，以取得和保存有关供应商（若相关）矿产开采、贸易、处理、精炼、出口情况的信息。上游企业可以与其他从这些地区供货或在这些地区开展经营活动的上游企业合作，或通过行业或利益相关方的多方机制或倡议活动共同成立这样一个团队。不可能建立"合作"团队，或不愿开展合作的情况下，企业应独立开展实地评估。正在建立实地评估团队的企业及其他有关的利益方应：

a) 在促成开展联合实地评估时应考虑下列因素：合作企业的规模及开展尽职调查可用的资源；企业获得实地信息的能力及在供应链上所处的位置；包括黄金生产商在内的其他上游企业之前成立的实地评估团队的质量；对企业提供的有关其所有黄金输入的数据进行反复核对来明确企业尽职调查工作的可靠性。[29]

b) 确保评估人员独立于其所评估的活动，且不存在利益冲突。[30] 企业评估人必须承诺秉承最高的职业道德标准，如实准确地进行汇报，并履行"应有的职业审慎"。[31]

c) 通过尽可能聘请具备以下领域知识和技能的专业人士确保相应的能力：所评估的经营环境（如语言能力、文化敏感性等）、冲突相关风险的实质（如附录二中的标准、人权、国际人道法、腐败、金融犯罪、冲突及冲突的融资方、透明度等）、黄金供应链的性质和形式（如矿产采购等）、以及本《指南》中的各项标准和程序。

d) 允许评估团队检查由企业控制或影响的矿山、中间商、批发商、及/或承运商，包括：

i) 实际进入其所在地，包括可能转运或重新贴标的其他国家的经营场所；

ii) 允许查阅所有簿记，或采购、缴纳税款、费用和特许费情况的其他证据，以及出口单证。

iii) 为在当地的活动提供后勤支持和协助；

iv) 保护企业自身以及任何提供信息的人的安全。

---

29 例如，对于那些产自大型矿山的黄金，黄金生产商或许最有条件在矿区收集相关的实地信息，而其他上游企业则要确保这些信息是根据本《指南》进行收集和保存的，并且应当收集从黄金生产商到精炼商之间情况的其他信息。

30 ISO 19011: 2002 第四条

31 ISO 19011: 2002 第四条

e) 在适当情况下，建立或支持成立社区监督网络和/或利益相关方多方信息组织，为评估团队提供信息。如有可能，修订、增加或创建可以显示矿山、武装团体、贸易线路、路卡、飞机场所在位置的交互式地图。

3. **对于矿金**，判断矿金是 LSM 黄金还是 ASM 黄金。

   a) **对于 LSM 黄金**，如果企业在供应链中所处的位置允许的话，则与大中型黄金生产者合作取得黄金开采、贸易、处理、出口等环节实际情况的证据。这些证据包括：

   i) 每批产品涉及的所有金矿的地点和识别名称.

   ii) 黄金加工地，例如，汇集、混合、粉碎、碾压、并最终熔炼成金合金或砂金产出的地点。

   iii) 黄金加工和运输的方式。

   iv) 运输线路所在的位置、黄金交易地、（如果可行的话）进出口贸易过程中跨越边境的地点。[32]

   v) （各）矿山当前的产量和生产能力。如果可能，将矿山生产能力与矿山产量记录进行比对分析，并对不符之处进行记录。

   vi) 矿山（各）冶炼车间目前的加工产量和加工能力。如果可能，将加工能力与加工产量记录进行比对分析，并对不符之处进行记录。

   vii) 上游供应链所有行为主体的识别信息和本着"了解你的交易对手"的原则取得的相关信息。这些行为主体包括且不限于黄金生产商、中间商、黄金贸易商、出口商以及再出口商，还有黄金处理过程中（如物流、加工商、承运商等）或在矿区和运输线路沿线提供安全保障的所有第三方服务提供商。识别工作应由下列措施组成，但应根据风险的敏感度决定措施的使用范围：

   1. 识别企业的所有权（包括受益所有权）及公司架构，包括企业管理人员和董事的姓名。

   2. 识别相关业务、下属企业、母公司、关联企业；

---

32 如果承运商出于安全考虑不愿披露这一信息，上游企业应确保承运商遵照本指南对这些运输线路的风险进行评估。上游企业应要求承运商提供一份有关运输路线风险评结果的详细报告（如识别的风险以及针对这些风险所采取的措施等）。上游企业应按照步骤五对这些风险进行汇报。在上游企业未使用承运商，或可以获得有关运输路线的信息的情况下，则应自行对运输路线的风险进行评估，并按照步骤五对风险进行汇报。

3.　利用可靠、独立的原始凭证、数据或信息对企业的身份进行核实 （如商业登记、开采信息、公司执照等）；

4.　核对政府风险监察名录信息（如，联合国制裁名单，海外资产控制办公室指定国民名单，检索 World-Check）；

5.　识别企业与政府、政党、军方、犯罪网络或非国家武装团体的任何关联，包括有关企业与非国家武装团体及/或公共或私人安全武装之间存在关联的任何报道实例。

viii)　经营许可证，如开采许可证、出口许可证等。

ix)　向政府缴纳的所有与黄金开采、贸易、运输、出口相关的税收、费用、或特许费。

x)　向政府机构和官员支付的所有与黄金开采、贸易、运输、出口相关的款项或补偿金。

xi)　从开采开始的供应链各个环节下向公共或私人安全武装或其他武装团体支付的所有费用，适用法律禁止的除外；

xii)　在矿区、运输路线以及在黄金处理或加工的所有地点提供的安保服务。

xiii)　安保人员的培训，以及该培训遵守《安全与人权自愿原则》的情况。

xiv)　根据《安全与人权自愿原则》对所有安保人员进行仔细筛查，并对其安全风险进行评估。

xv)　矿区、运输线路、以及黄金交易地点和出口地点的驻军情况。

xvi)　任何一方在矿区、运输路线、以及黄金贸易地和/或加工地犯下的任何严重侵权行为的证据（酷刑，残忍、不人道和有辱人格的待遇，强迫或强制劳动，最恶劣的童工形式，严重侵犯人权的行为，战争罪，或其他严重违反国际人道主义法的行为，反人类罪或种族灭绝罪）。

xvii)　为非国家武装团体或公共或私人安全武装直接或间接提供任何支持的信息（参见定义）。

xviii)　（如果有相关性）小作坊及小规模采矿者经黄金生产商许可开展经营活动的矿区数量和名称，对矿工人数进行估计，并评估是否可以将他们的活动看做是合法的小作坊及小规模采矿行为（参见定义）。

xix) （如果有相关性）大中型采矿者与小作坊及小规模采矿者之间存在冲突或关系紧张的具体实例。

xx) （如果相关）有关 ASM 黄金、或来自其他渠道的黄金在黄金生产商不知情的情况下进入其加工环节（如，矿产冶炼车间），并且/或假称由黄金生产商开采的任何实例、报道、或嫌疑。

b) **对于 ASM 黄金**，取得有关黄金开采、贸易、处理、出口等环节实际情况的证据。企业应参照步骤三（C）和附录对当前采取的措施进行补充，以逐步收集下列信息，从而为小作坊及小规模采矿者提供协助，使他们能够建立安全、透明、经得起检验的黄金供应链：

i) 利用可靠、独立的原始凭证、数据或信息识别那些向当地黄金出口商提供 ASM 黄金的供应商；有关这些供应商与政府、政界、军方存在关联的任何信息，尤其是与非国家武装团体及/或公共或私人安全武装存在关联的任何经过报道的实例；这些供应商进行采购的地理区域。

ii) 矿源，运输路线、黄金贸易地点。

iii) 小作坊开采团队或团体，评估是否可以将这些群体的活动看做是合法的小作坊及小规模采矿行为（参见定义）。

iv) 黄金加工和运输的方式。

v) 向政府机关和官员缴纳的出口相关的税收、特许费和费用。

vi) （如果可能）取得有关黄金出口商和包括国际黄金贸易商在内从黄金出口商到精炼商的供应链上所有行为主体，以及黄金处理过程中（如物流、加工商、承运商等）或在矿区和运输线路沿线提供安全保障的所有第三方服务提供商的识别信息和本着"了解你的交易对手"的原则获取的相关信息。识别工作应由下列措施组成，但应根据风险的敏感度决定措施的使用范围：

1. 识别企业所有权（包括受益所有权）及公司架构，包括企业管理人员和董事的姓名；

2. 识别相关业务、下属企业、母公司、关联企业；

3. 利用可靠、独立的原始凭证、数据或信息对企业的身份进行核实 （如商业登记、开采信息、公司执照等）；

4. 核对政府风险监察名录信息（如，联合国制裁名单，海外资产控制办公室指定国民名单，检索 World-Check）；

5. 识别企业与政府、政党、军方、犯罪网络或非国家武装团体的任何关联，尤其是包括有关企业与非国家武装团体及/或公共或私人安全武装之间存在关联的任何报道。

vii) 矿区、运输线路、以及黄金交易和出口地点的驻军情况。

viii) 任何一方在矿区、运输路线、以及黄金贸易地和/或加工地犯下的任何严重侵权行为的证据（酷刑，残忍、不人道和有辱人格的待遇，强迫或强制劳动，最恶劣的童工形式，严重侵犯人权的行为，战争罪，或其他严重违反国际人道主义法的行为，反人类罪或种族灭绝罪）。[33]

ix) 通过黄金开采、运输、贸易、处理或出口为非国家武装团体或者公共或私人安全武装提供任何直接或间接支持的信息（参见定义）。

x) 来自其他渠道的黄金在不被察觉的情况下进入黄金供应链，并且/或以虚假信息进行欺骗的任何实例、报道、或嫌疑。

xi) （如果有相关性）大中型采矿者与小作坊及小规模采矿者之间存在冲突或关系紧张的具体实例。

4. **对于可回收黄金**，[34]对于来自示警供应链的可回收黄金，采用基于风险的方式收集额外的信息[35]（包括通过案头调研；现场走访黄金供应商；根据风险大小对采购记录进行相应的随机抽样检验），优先考虑风险较高的个人、地点和交易。作为基于风险的尽职调查的重要一部分，应对供应商和各项交易进行识别，并予以记录。各级都应保留记录。此类风险因素包括且不限于：

a) **交易金额**。受冲突影响或高风险区域以外的任何可回收黄金交易尽职调查的起点金额是 15,000 美元，[36]尽职调查力度应与金额成比例增长。但采矿区或其附近地区可能会有数量非常小的交易，如一克黄金。因此，受冲突影响或高风险地区的可回收黄金交易，不论其价值多少都应加强审查工作。

---

33 参见《经合组织尽职调查指南》（2011）附录二第一段。

34 回收材料本身并非一个令人担心会引发冲突的因素。然而，回收材料却有可能成为受冲突影响和高风险区域黄金以掩盖其原产地的方式进行洗白的手段。

35 虽然这些记录不必随着矿产材料流经整个供应链环节，但应做好准备，以备后续跟踪和核实之用。供应链上的各国政府和企业应参考反洗钱金融行动特别工作组提出的 40 条建议，特别是根据《针对贵金属和宝石经销商的以风险为基础的反洗钱指南》（2008 年 6 月）开展打击洗钱和恐怖主义融资活动。

36 参见反洗钱金融行动特别工作组（FATF）的四十条建议（2003），及其《针对贵金属和宝石经销商的以风险为基础的反洗钱指南》（2008，6 月 17 日）

b) **交易地。**黄金体积小，价值高，易于运输。因此，不存在完全没有风险的地方。在下列情况下，交易地的风险更高：黄金的中转地和出口地无合理原因出现与申报的黄金原产地不一致的情况；存在迅速进入竞争市场的途径，或加工业务所在地更加靠近申报的黄金原产地；AML/CFT 法律、反腐败法、海关监管、以及其他相关政府监管法律得不到有效落实；该国存在包括现金经济在内的非正式银行业务；[37]

c) **材料类型。**未经加工的可回收黄金有时源自一些已知的存在把矿金直接制成黄金产品以逃避税收或为其洗白的地方。尽管如此，未经加工的可回收黄金不太可能像熔化的可回收黄金（参见定义）那样成为受冲突影响和高风险区域矿金的洗白工具。冲突地区生产的高精度矿金（如，砂矿中纯度达到 90% 的矿金）不太可能通过低价材料进行洗白。低价材料不仅需要经过更多程序进行提炼，还需要更长的时间生产成可以面向市场销售的黄金。不太可能洗白的低价材料的例子还有电子废料或其他金属精炼后余下的残留物。高精度黄金首饰则与冲突矿金有着类似的物理特性。

d) **异常情况。**对于据称将要进行回收的材料应当考虑其情形，判断是否合理。例如，来自某一供应商或某地区的高品位材料的数量突然出现异常增加，对此须有合理解释。如果某个国家人们佩戴的首饰多为 14K（58%），那么，就应当对声称纯度为 90% 的回收首饰提出质疑。

e) **供应商。**可回收黄金供应商不同，存在洗钱活动的风险水平也不同。例如，受控设施生产/加工的可回收黄金要比多渠道收集来的可回收黄金风险低。其他高风险因素包括：本指南所建议的尽职调查程序与供应商实践之间（可合理认为）存在的不符之处；或者该供应商与供应链上的某一供应商或生意对手之间"存在非常遥远且不明原因的地理距离"。

5. **对于可回收黄金**，收集那些需要严加审查的下列交易信息。如果可行，采取的方式包括，案头调研，现场走访黄金供应商，根据风险大小对采购记录进行相应的随机抽样检验，对采购行为及反洗钱和反恐融资

37　参考反洗钱金融行动特别工作组（FATF）的《针对贵金属和宝石经销商的以风险为基础的反洗钱指南》（2008，6 月 17 日）第 109 段。109.

（AML-CFT）程序和指令进行更为深入的检查和评估等：

a) 可能产生碎料的地方是否有生产设施。

b) 私人黄金首饰的拥有量和交易额是否很大。

c) 通过现场走访和单证审核，对可回收黄金/碎料黄金的业务量进行大致合理的判断。应认识到业务量会发生变化，尤其是会随着黄金价格和经济状况的变化而变化。

D. 对供应链上的风险进行评估。通过记录企业示警供应链的实际情况，收集和了解信息并进行评估。如果企业有理由认为所获信息与下列相关要求不符，则应将其视为"风险"：

1. 企业供应链政策的标准符合附录二；[38]

2. 本《指南》中的各项尽职调查标准和程序；

3. 企业所在地或公开交易地（如果适用）所在国家的国家法律；黄金可能产地的国家法律；以及中转国或再出口国的国家法律；

4. 约束企业经营和业务关系的法律文件，如融资协议、承包协议、供应商协议等；

5. 其他相关的国际文书，如《经合组织跨国企业准则》、国际人权和人道主义法、以及国际反洗钱建议和指南。

第三节 ——下游企业的风险评估

下游企业应依据本指南对自己精炼商的尽职调查实践进行评估，并据此识别自身供应链中存在的风险。

38　参见上文步骤一（A）及附录二。

A. **尽力识别自身黄金供应链中的精炼商。**下游企业应该尽力识别其供应链中黄金的精炼商。尽管可以要求下游供应商提供关于黄金精炼商的信息，但下游企业仍应采用与风险大小相称的步骤对供应商所称精炼商是否属实进行评估和核实。某些情况下，金条、金币、金棒、或是其他精炼黄金产品上已经印铸了精炼企业的名称。

1. **精炼企业已识别** – 进入步骤二，第三节(B)。

2. **尽最大努力仍无法识别精炼企业** – 进入步骤三，第二节。

B. **取得精炼企业开展尽职调查的初步证据，考察他们是否已经识别，或在一定程度上识别了自身供应链中存在的示警信号。**评判一家精炼企业是否已经识别或在一定程度上识别了自身供应链中存在的示警信号，应该完全基于企业本着合理、诚信的原则开展的工作，依据步骤一环节所搜集的证据，辅以（通过与供应商合作和开展案头调研收集的）辅助信息来判断。为了能够做出合理的判断，各企业应依据风险大小通过外部证据渠道对供应商的陈述进行核实。

1. **精炼商没有发现任何示警信号：**如果黄金供应链下游企业能够合理判定该精炼商供应链中不存在任何示警信号，则不需要对这条供应链开展额外的尽职调查。步骤一建立的管理体系需保持并定期评议。

2. **精炼商在自身黄金供应链中发现了示警信号，或信息不明：**发现精炼商黄金供应链中存在示警信号，或没有理由排除黄金供应链中存在的一个或多个示警信号的下游企业应进入步骤二，第三节(C)。

C. **通过对黄金供应链中存在示警信号的精炼企业的尽职调查工作进行评定来评估风险。**为了进行风险评估，企业应该考查供应链中存在示警信号的精炼企业是否已经实施了本指南建议的受冲突影响和高风险区域黄金负责任供应链尽职调查工作的所有环节。下游企业应该：

1. 获得精炼企业开展黄金供应链尽职调查的证据。

2. 对所有风险评估团队提供的信息进行评议。

3. 依据本指南中的供应链政策及尽职调查程序，反复核对精炼企业尽职调查实践的证据。如果企业可以合理地认为供应商尽职调查实践与企业（符合附录二的）供应链政策之间存在不符之处，应将其视为风险，并在步骤三中加以应对。

4. 判断精炼商的尽职调查行为是否依据符合本指南的标准进行了审计，并获得审计报告。若并未依据本指南的标准审计，或者发现精炼商的尽职调查工作与本指南的标准、流程存在不符，下游企业应努力依据步骤三对风险进行管理，并设法向依照本指南步骤四进行了审计的精炼企业进行采购。

步骤三：设计并实施策略来应对已识别的风险

目标：对已经识别的风险进行评估并做出回应，从而防范或降低负面影响。企业可以通过开展联合倡议行动，以合作的方式实施本节提出的建议，但保留各自的尽职调查责任，并确保所有共同开展的工作都适当考虑各企业具体的情况。

第一节——上游企业的风险管理

A. 向指定的高层管理人员汇报调查结果，总结供应链风险评估过程中收集到的信息以及识别的实际风险和潜在风险。

B. 加强与供应商的合作，强化步骤一(C)环节中的透明度、信息收集、黄金供应链管理等方面的内部体系。上游企业应该做到：

1. 针对示警供应链的所有黄金输入与产出，建立产销监管链和/或追溯体系。通过该体系，收集和保存步骤二第一节和第二节(C)中提出的分类信息。

2. 针对矿区产量与产能、加工产量与产能、或者供应商提供的黄金出货量信息中发现的任何不符之处，结合实际情况加强物理安保措施（例如：运输安全保障、装入密封的防篡改集装箱等）。

3. 对发现存在冲突风险以及严重践踏人权风险的货物进行物理隔离，并加以保护。

4. 将进行突击抽查的权力以及查看相关单证的权力纳入与供应商签订的商业合同和/或书面协议，从而加以实施和监督。[39]

5. 与整个上游供应链分享评估团队获得和保存的下列关于每笔黄金输入的信息：

    a) 矿源地，最大限度地提供精准信息；

    b) 金矿或者含金材料汇集、混合、粉碎、碾压、熔炼、精炼的地点；

    c) 开采方式（人工和小规模开采、或者大中型开采），提炼、熔炼、精炼的日期；

    d) 重量及成分质量特征；

39　有关供应商监督和违规情况管理的信息，参见步骤二至步骤五。

e) 所有供应商及从矿源地到精炼商的上游供应链环节中处理过黄金的相关服务提供商的身份信息；所有权（包括受益所有权）信息；公司架构，包括企业管理人员及董事的姓名；企业及管理人员与受冲突影响和高风险区域的商界、政府、政界或军方的联系；

f) 向政府缴纳的所有与黄金开采、贸易、运输、出口相关的税收、费用、或特许费；

g) 向政府机构和官员支付的与黄金开采、贸易、运输、出口相关的所有款项或补偿金。

h) 从开采开始，供应链各个环节，向公共或私人安全武装或其他武装团体支付的所有费用，适用法律禁止的除外；

i) 黄金以怎样的方式运输和加工，以确保诚实，注重安全。

6. **对于精炼企业来说**，如果有地区性或全球性行业计划[40]或制度化机制确立，有权收集和处理有关受冲突影响和高风险区域的黄金信息，，应遵守其相关要求将尽职调查程序获得的信息提供给审计人员。没有此类计划或机制的情况下，应将相关信息提供给下游购买方。

C. **设计和采用风险管理计划。** 企业应采用供应链风险管理计划，并在其中规定企业依照本指南附录二对步骤二环节识别的风险应该采取的应对措施。企业可以通过以下方式管理风险：i）在整个降低可衡量风险的过程中继续开展贸易；ii）在不断降低可衡量风险的同时暂时中止贸易，或者iii）在风险降低措施不可行或无法接受风险的情况下终止与供货商的合作。为了确定和制定风险管理策略，企业应当：

1. 对本指南附录二中的受冲突影响和高风险区域黄金供应链示范政策进行评议，从而判断能否通过保持、暂时中止或中断与供应商的关系降低已识别的风险。

2. 通过可衡量的风险降低手段对无需中断供应商关系的风险进行管理。风险降低手段应在采用风险管理计划六个月内取得可衡量的重大改进。制订风险降低策略时，企业应：

---

40 请参见《伦敦金银市场协会责任黄金指南》、《EICC-GeSI 无冲突冶炼厂计划》、《责任珠宝业委员会监管链体系认证》与本指南一致之处。

a) 建立和/或发挥对供应链中最能有效、直接地降低冲突风险的行为主体的影响力。上游企业可能已经在对供应链上游其他行为主体产生实际或潜在的影响。寻求途径与供应商和利益相关方开展建设性合作，并在实施风险管理计划六个月内在消除风险方面取得可衡量的重大改进。[41]

b) 征询供应商和受影响的利益相关方的意见，就风险管理计划中的可衡量的风险降低策略达成一致意见。可衡量的风险降低策略应根据企业具体的供应商及其经营环境进行调整，并清晰地阐明实施风险管理计划六个月内的绩效目标，包括衡量改进情况的定性和/或定量指标。[42] 企业应确保受影响的利益相关方有充足的时间对风险评估和管理计划进行评议，对风险管理的问题、担忧、以及其他建议进行考虑和做出回应。

c) 在适当的情况下，参与或支持负责任供应链管理方面的行业计划或制度化机制，同时确保这些举措充分考虑了对发展中国家产生的社会效应和经济效应，以及国际上认可的现行标准。[43]

   i) **经营活动存在示警信号的所有黄金生产商、以及其他采购 ASM 黄金的上游企业**应协助为他们供货的合法小作坊和小规模采矿生产商（参见"定义"），使他们有能力建立起与符合附件要求的安全、透明、经得起检验的黄金供应链。

   ii) **鼓励其余所有经营活动存在示警信号的黄金生产商及其他上游企业支持附件中的建议措施。**

D. 实施风险管理计划；监督和跟踪风险降低成效；向指定的高层管理人员进行反馈；在风险降低措施失败后依照附录二中建议的风险管理策略考虑暂停或终止与供应商的合作。[44] 上游企业应酌情就风险降低措施的实施、监督、及绩效跟踪与当地和中央政府、上游企业、国际或民间社会组织、以及受影响的第三方开展合作和/或协商。上游企业可能希望通过建立或支持成立社区监督网络，对风险降低措施的成效进行监督或跟踪。

41　各企业应该参考《指南》附录三建议的风险管理策略。附录三包括了风险降低的建议措施，并推荐了一些衡量改进的指标。《指南》实施中将有更详尽的风险管理指导。

42　参见本《指南》附录三，"风险降低的建议措施及成效衡量指标"。

43　《经合组织跨国企业准则》(2011)，第二章(B)(2)。

44　如果风险管理计划实施 6 个月内，没有取得可衡量已重大改进，企业应该暂停或中止同该供应商的合作至少三个月，从而防范或降低已识别的风险。

E. 对于需要降低的风险，或在环境发生变化后开展额外的事实和风险评估。[45] 供应链尽职调查是一个动态过程，需要对风险进行持续的监测。风险降低策略实施后，企业应重复步骤二环节，确保有效管理风险。另外，为了防范或降低负面影响，企业供应链发生任何变化都可能需要对某些步骤进行重复。

第二节——下游企业的风险管理

A. 向指定的高层管理人员汇报调查结果，总结供应链风险评估过程中收集到的信息以及识别的实际风险和潜在风险。

B. 依照步骤一(C)，强化透明度、信息搜集、黄金供应链管理等内部机制。 包括对（可确认的）精炼商身份追踪信息，对依照步骤二第三节获得的尽职调查结果进行细分和定期更新。

C. 设计并实施风险管理计划。企业应实施供应链风险管理计划，其中包括企业针对步骤二环节识别的风险所采取的应对措施。该策略根据供应链中的精炼商是否已经识别而有所不同。

1. **无法识别的精炼企业** – 如果在步骤一和二中本着诚信原则采取合理措施仍无法确认自身（各条）供应链中的精炼商，下游企业应该设计并实施能够帮助他们识别精炼商的风险管理计划。下游企业应该能够展现其在识别供应链精炼商方面已经取得了可衡量的重大改进。下游企业可以独立开展识别工作或与行业机制合作进行识别。

   a) 下游企业可以通过与直接供应商进行保密的讨论，将供应商披露保密要求纳入与供应商签订的合同，以及/或利用保密信息共享系统等方式对精炼商进行识别。

---

45 环境变化应在风险敏感的基础上，通过对企业产销监管链单证以及矿源地和运输路线冲突影响地区的情况进行持续的监督加以确定。此类环境变化可能包括供应商或产销监管链行为主体的变化，以及原产地、运输路线、或出口口岸的变化。还有可能包括具体环境因素的变化，如某一地区冲突升级，负责某地区的军队发生人事变动，以及矿源地所有权或控制权发生变动等。

b) （因规模或其他因素）很难对直接供应商之外的上游行为主体进行识别的企业可以和那些与其有着相同供应商的业界成员（或是与之存在业务关系的下游企业）进行互动和积极合作，从而识别自身供应链上的精炼商并评估他们的尽职调查实践。他们还可以通过行业验证计划识别符合本《指南》要求的精炼商从而向这些企业进行采购。

2. **经识别供应链中存在示警风险的精炼商** –下游企业可以通过以下方式对风险进行管理：i）在精炼商按照本《指南》附录二的要求进行可衡量的风险降低的整个过程中，继续与精炼企业开展贸易；ii）在精炼商不断降低可衡量风险的过程中，暂时中止与该企业的贸易关系，或者 iii）若风险降低措施似乎不可行，或者精炼商未能按照附录二所的风险管理策略应对风险，则终止与精炼商的关系：

a) 如果精炼商在其供应商存在严重侵权行为（参见附录二的第一、二段）或为非国家武装团体直接或间接提供支持的风险（参见附录二的第三、四段）的情况下，并未立即暂停或终止与该供应商的合作，那么应立即采取措施（直接或者通过次级供应商）终止与该精炼商的合作。

b) 精炼商根据附录二[46]努力降低风险，或者仍在全面实施本《指南》所建议的尽职调查行为时，下游企业应确保精炼商在风险管理计划实施六个月内能够取得可衡量的重大改进。在制订自身风险管理计划的过程中，下游企业应：

i) 建立和/或发挥对那些存在供应链示警问题且能够更加有效、直接地降低冲突风险的精炼商的影响力。下游企业可以通过（在适用情况下）将尽职调查绩效纳入合同，或者通过与行业协会和利益相关方多方倡议活动进行合作来建立对精炼商的影响，同时确保这些倡议活动充分考虑了给发展中国家带来的社会效应和经济效应及国际上认可的现行标准。[47]

46　参见本《指南》附录二第 10 段和第 14 段关于直接或者间接支持公共或私人安全武装、贿赂、矿产原产地的欺诈性失实陈述、洗钱、以及向政府缴付的税款、费用、及特许费的风险管理。

47　《经合组织跨国企业指南》(2011)，第二章(B)(2)

ii) 通过价值取向和能力培养，集中力量提高精炼企业尽职调查的成效。下游企业还应鼓励其自身及上游的行业会员组织与相关国际组织、非政府组织、利益相关方、以及其他专业人士合作，制定和实施尽职调查能力培养模式。

iii) 征询精炼企业和其他普通供应商的意见，就风险管理计划中的可衡量的风险降低策略达成一致意见。可衡量的风险降低策略应根据企业具体的供应商及其经营环境进行调整，清晰地阐明实施风险管理计划六个月内的绩效目标，而且包括衡量改进情况的定性和/或定量指标。

D. 实施风险管理计划；监督和跟踪风险降低成效；向指定的高层管理人员进行反馈；在精炼商风险降低措施失败后（依据本《指南》附录二第 10 段和第 14 段）考虑暂停或终止与该精炼商的合作，或者采取改正措施、实施本《指南》提出的各项尽职调查建议。[48]

E. 对于需要降低的风险，或在环境发生变化后，开展额外的事实和风险评估。[49] 供应链尽职调查是一个动态过程，需要对风险进行持续的监测。风险降低策略实施后，企业应重复步骤二环节，确保有效管理风险。另外，为了防范或降低负面影响，企业供应链发生任何变化都可能需要对某些步骤进行重复。

---

[48] 如果风险管理计划实施 6 个月内未能取得可衡量的重大改进，企业应（直接或通过次级供应商）暂停或终止与该精炼商的合作至少三个月，从而 i) 按照附录二中第 10 段和第 14 段防范或降低已识别的风险；或者 ii) 采取改正措施，实施本《指南》提出的尽职调查建议。

[49] 环境变化应在风险敏感的基础上，通过对企业产销监管链单证以及矿源地和运输路线冲突影响地区的情况进行持续的监督加以确定。此类环境变化可能包括供应商或产销监管链行为主体的变化，以及原产地、运输路线、或出口口岸的变化。还有可能包括具体环境因素的变化，如某一地区冲突升级，负责某地区的军队发生人事变动，以及矿源地所有权或控制权发生变动等。

步骤四：对精炼商的尽职调查实践开展独立第三方审计

目标： 对精炼商的受冲突影响和高风险区域黄金负责任供应链尽职调查工作开展独立第三方审计，包括通过制度化机制或行业计划，促进精炼商和供应链上游企业改善尽职调查实践。

本节提出的建议并不作为审计的标准，而是简要介绍一些基本的原则、范围、标准及其他一些基本信息，以供那些利用新的或现有的审计机制对精炼商尽职调查实践开展针对具体供应链的独立第三方审计的企业、行业计划或制度化机制考虑。审计人员可以使用其他独立第三方审计机构出于其他目的（例如：以了解你的交易对手为目的的审计、或是针对黄金运输企业的审计）对上游供应链各环节开展审计活动得出的结论，只要这些审计活动涵盖了以下领域，并且遵循了确保管理体系的国际认可的审计标准。[50]

A. 筹备开展独立第三方审计，以核实精炼商的受冲突影响和高风险区域黄金负责任供应链尽职调查工作的实施情况。审计应包括如下范围、标准、原则、以及活动：[51]

1. **审计的范围：** 审计范围应包括精炼商对受冲突影响和高风险区域黄金供应链的尽职调查的所有内容，以及使用的所有程序和体系。其中包括且不限于相关的政策和流程、精炼商对黄金供应链的控制、同黄金供应链中的行为主体进行的沟通、向下游企业披露的有关供应商的信息、产销监管链及其他追溯性信息、包括实地研究在内的精炼商风险评估、以及精炼商风险管理策略等。

2. **审计标准：** 判断企业开展的尽职调查实践是否符合基于本《指南》的审计标准。

3. **审计原则：**

   a) **独立性：** 为了保持审计的中立公正，审计机构和所有审计团队成员（"审计人员"）必须独立于精炼企业，及其下属企业、特许企业、承包商、供应商、以及联合审计中的合作企业。这就特别意味着，

---

50 国际认可的审计标准包括且不限于：ISO19011、SA8000、ISAE 3000、SSEA100。

51 有关审计项目的详细要求（包括项目责任、步骤、记录的保存、监督和评议）以及审计活动的分步概述，企业可以参考 ISO19011:2002（"ISO19011"） 国际标准。

审计人员与被审计方之间不得存在包括业务关系或（股份、债务、有价证券等形式的）财务关系在内的利益冲突，并且在审计之前 24 个月内，未曾向被审计企业提供过与所评估精炼企业和/或供应链行为主体的尽职调查行动的设计、创建、实施有关的服务。

b) **审计资格**：审计人员必须具备执行第三方审计所需的个人特质以及与特定领域相关的能力。在创建新的审计标准或对现有审计标准进行修订时，企业可以参阅国际认可的审计标准[52]有关审计人员能力方面的具体要求。个人特质应该包括且不限于正直、客观、严守机密、心胸开阔、职业操守等几个方面。与特定领域相关的能力包括且不限于：

i) 审计的原则、步骤及方法。[53]

ii) 供应链尽职调查的原则、步骤及方法。

iii) 黄金采购实践与黄金供应链。

iv) 黄金原产地或运输经过的受冲突影响区域的社会、文化、历史背景，包括审计相关的语言能力和适当的文化敏感度。

v) 《经合组织方针》及《黄金增补内容》，包括受冲突影响和高风险区域矿石供应链示范政策（附录二）。

c) **问责制**：行业计划或制度化机制应在审计目标、范围、标准的基础上，依据审计项目记录，对审计人员按照审计方案开展审计工作的能力进行定期审议与监督。

4. **审计活动：**

a) **审计的准备工作**：应向审计人员明确传达审计的目标、范围、语言、以及标准，且审计工作启动前被审单位与审计人员之间如存在任何不明之处都应加以澄清。[54] 审计人员应在时间、资源、信息、相关方合作与否等因素的基础上判断审计工作的可行性。[55]

b) **现场调查**：开始现场调查之前，审计人员应准备审计计划，[56]以及

---

52 国际认可的审计标准包括且不仅限于：ISO19011、SA8000、ISAE 3000、SSEA100。
53 企业可以考虑已有的管理体系认证项目和完整的审计人员培训项目，例如 ISO9001 或 SA8000。
54 参见 ISO 19011 第 6 章第 2 节。
55 同上。
56 参见 ISO 19011 第 6 章第 4.1 节。

所有的工作文件。[57]应收集进一步的证据，并通过相关采访（包括采访管理层以及评估团队）、观察、文件审查核实信息（参见下文）。现场调查应包括：现场调查应包括：

i) **精炼商的设施**及其开展受冲突影响和高风险区域负责任的金矿供应链尽职调查工作的场所。

ii) **按照审计标准，可能会要求提供精炼商的供应商样本（包括黄金生产商、本地出口商、国际黄金贸易商、以及回收商）。**

iii) **征询评估团队的意见，**可以通过远程会议的方式，对可核实的最新可靠信息的标准和方法进行评议。

iv) 由审计人员依据实际情况以及在黄金供应链中识别的风险来决定是否征询当地和中央政府机关的意见、以及（如果有的话）联合国专家组、联合国维和部队以及当地民间社会的意见。

c) **文件审查：**精炼企业受冲突影响区域矿产供应链尽职调查过程中产生所有文件都是文件审查的对象。所有这些文件的样本都应经过审查，从而"通过记录判断体系是否符合审计标准"。[58]这包括且不限于供应链内部控制文件（产销监管链文件样本、付款记录）、与供应商的相关沟通和合同条款、披露给下游企业的信息文件、企业风险评估过程中取得的文件（包括商业伙伴和供应商、会谈、实地评估的所有记录）、以及风险管理策略的任何文件（例如，就改进指标与供应商达成的协议）。在现场调查过程中，审计人员应该对文件进行随机抽样。选取样本时应该考虑供应商和/或黄金供应链相关的风险、每年的旺季和淡季、以及从每个供应商采购的货物量。查验的文件应该包括来自每个供应商的样本，并且随着商业伙伴、供应商、黄金原产国相关风险的提高，查验文件的数量也要相应增加。如果审计人员对精炼企业的尽职调查措施存疑，那么就应该扩大相关的样本量。

d) **审计结论：**审计人员应在收集的证据基础上判定精炼商开展的受冲突影响和高风险区域黄金负责任供应链尽职调查工作是否符合《指南》本节建议的审计标准。审计人员应在审计报告中就精炼商改进尽职调查实践给出建议。审计人员还应该按照步骤五的要求，准备一份用于发布的审计报告概要。

---

57 参见 ISO 19011 第 6 章第 4.3 节。

58 参见 ISO 19011 第 6 章第 3 节。

B. **依照上文提出的审计范围、标准、原则、以及活动开展审计工作。**供应链上所有行为主体都应展开合作,确保能够依照上文所列的范围、标准、原则、以及活动开展审计工作。建议他们通过行业计划或制度化机制进行合作,开展下列部分或全部活动:

1. 根据本《指南》的建议,起草审计标准。

2. 委派审计人员;

3. 对审计方案进行监督,包括定期评议、监督审计人员依照审计方案开展审计活动的能力;

4. 在适当考虑商业机密和其他竞争或保密因素的情况下,发布精炼商审计报告概要,内容应包括:

   a) 精炼商的详细信息、审计日期、审计期限;
   b) 步骤四(A)(4)所定义的审计活动和方法;
   c) 步骤四(A)(4)所定义的审计结论。这些结论关涉本《指南》中的每一步骤。

5. **具体建议——针对所有上游企业**

   a) 依照本《指南》,允许进入企业所在地并查看供应链尽职调查的相关文件和记录。
   b) 为审计团队与选定的运输公司,供应商,利益相关方进行联系提供便利。
   c) 如需对供应商进行实地考察,提供联络和后勤方面的便利条件。

6. **具体建议——针对所有下游企业:**

   a) 建议下游企业参与并支持针对精炼商尽职调查实践开展的独立第三方审计,鼓励企业通过行业计划进行参与,从而提高实施本《指南》的效率。包括确立符合本《指南》中的建议的审计标准。鼓励中小型企业参加这类行业组织或与之建立伙伴关系。

步骤五：供应链尽职调查工作年度报告

目标：公开报告受冲突影响和高风险区域黄金负责任供应链尽职调查工作情况，从而培养公众对企业正在采取的措施的信心。

A. 在适当考虑商业机密和其他竞争或安全因素的情况下，每年对受冲突影响和高风险区域黄金负责任供应链尽职调查进行报告，或将其作为附加信息纳入年度可持续发展报告或企业责任报告。[59]

A.1. 针对所有上游企业

1. 企业管理体系：报告实施步骤一所采取的措施。企业应当在这类报告中：制定企业的供应链尽职调查政策；阐述企业尽职调查工作的管理架构以及直接负责人；描述根据步骤一（C）和步骤三（B）建立的内部黄金供应链透明度、信息收集及管理体系，说明该体系如何运作，如何强化企业报告期内的尽职调查工作；描述企业数据库和记录保管系统，并对所有供应商的识别方法进行解释，要具体到矿源和整个供应链的尽职调查信息共享的方法；根据 EITI 标准和原则（如果相关）披露向政府缴纳费用的信息。

2. 企业供应链风险评估：报告实施步骤二所采取的措施。企业应当在这类报告中：说明如何识别其供应链中存在的示警经营行为或示警信号，包括根据风险大小对供应商的陈述进行相应的核实；描述黄金供应链中识别的示警信号；描述为了显示这些示警经营行为和示警供应链的实际情况所采取的步骤;概述实地评估团队采用的方法、实践以及取得的信息，包括企业是否以及如何与其他上游企业合作，企业如何确保所有共同开展的工作适当考虑了各个企业的具体情况；披露所识别的实际或潜在风险。为了清晰起见，企业不应对其识别的与之没有任何业务关系的潜在供应商风险进行报告。

---

59 商业机密和其他竞争或安全因素是指（不影响后续进一步解读的情况下）价格信息、供应商身份及关系（除非合作终止，否则应永远披露示警地区的精炼商和当地出口商的身份信息）、运输路线、受冲突影响和高风险区域内一旦披露会危及其安全的信息渠道和举报者的身份等。所有信息都将披露给那些设立目的为收集和处理受冲突影响和高风险区域矿产信息的地区性或全球性制度化机制。

3. 风险管理：报告实施步骤三所采取的措施。报告包括的内容有：描述如何强化产销监管链或可追溯体系等内部控制体系，从而收集和保存有关示警黄金供应链的最新可靠信息；描述采取的风险管理措施，包括风险管理计划中风险降低及能力培训策略总结，（如果有的话）受影响的利益相关方的参与情况。公开企业的风险降低监测和跟踪工作，以及六个月后跟进工作的所有实例和结果，从而评估可衡量的重大改进。在不披露供应商身份的情况下（除非企业认为适用法律允许其披露供应商身份），对企业根据附录二决定终止合作的供应商和/或供应链数量进行公布。企业在考虑了报告可能带来的不利影响后，应依法将所有终止合作的例子报告给相关国际和国内调查机构和/或执法部门。

A.2. 针对精炼商：除了上文所述之外，精炼商还应：

1. 审计：在适当考虑商业机密和其他竞争或保密因素的情况下，公布精炼商审计报告概要。审计报告概要应包括：

a) 精炼商的详细资料和审计日期；

b) 符合本《指南》及步骤四(B)(2)中定义的行业计划或制度化机制还未公布细节时，步骤四(A)(4)所定义的审计活动及审计方法。

c) 步骤四(A)(4) 所定义的审计结论，这些结论关涉《指南》的每个步骤。

A.3. 对于所有下游企业

1. 企业管理体系：报告实施步骤一所采取的措施。企业应当在这类报告中：制定企业的供应链尽职调查政策；阐述企业尽职调查工作的管理架构以及直接负责人；描述企业制定实施的黄金供应链管理体系，并说明该体系如何运作、如何强化企业在报告期内的尽职调查工作；描述企业的数据库和记录保管系统。

2. 风险评估：报告实施步骤二所采取的措施。企业应当在这类报告中：描述为了识别其供应链中的精炼商所采取的措施；描述对自身尽职调查实践所做的评估；解释企业供应链风险评估的方法；披露所识别的实际或潜在风险。

3. 风险管理：报告实施步骤三所采取的措施。[60] 企业应当在这类报告中：描述其采取的风险管理措施，包括风险管理计划中风险降低及能力培训策略总结，（如果有的话）受影响的利益相关方的参与情况；公开企业的风险降低监测和追踪工作，以及六个月后跟进工作的所有实例和结果，从而评估可衡量的重大改进。

60　如果有的话或依照法律规定，在适当考虑商业机密和其他竞争或保密因素的情况下，公布下游企业尽职调查实践的其他审计报告或总结。

附录

为了给小作坊及小规模采矿者
创造经济及发展机遇而
建议采取的措施

受冲突影响和高风险区域的小作坊及小规模采矿者在黄金开采、运输、贸易、处理、出口带来的负面影响和严重侵权行为面前尤为脆弱。当他们所处的经营环境缺乏促进黄金生产和贸易向着负责任、冲突敏感、合法的方向发展的监管体制，小作坊及小规模采矿者就更加容易受到伤害。

此附录的目的在于最大程度地降低小作坊及小规模采矿部门、尤其是那些遭受勒索的人所面临的被边缘化的风险，并同时推进无冲突金矿供应链，从而为小作坊及小规模采矿者创造经济和发展机遇。为了实现这些目标，此附录提出一系列措施，包括通过推进正规化和合法化发展，在矿区和市场之间建立起安全、透明、经得起检验的黄金供应链，并且为开展合法 ASM 黄金的尽职调查工作创造条件。

各国政府、国际组织、捐助机构、供应链企业、以及民间社会可以依据各国现行法律和政策，考虑藉此机会探索各种合作方式，以利用本文提出的这些建议以及其他适宜的补充措施。

1. **评估矿区是否符合《经合组织尽职调查指南》附件二中的标准：**[61]

    a) 成立、参与、支持由来自民间社会、业界、地方和中央政府的重点人物组成的当地利益相关方多方委员会，从而监督矿区评估流程；[62]

        i) 为矿区、运输路线、金矿交易地点的评估制定符合《经合组织尽职调查指南》附件二标准的清晰的指标并公布；[63]

---

61 在大湖区，评估应该通过实施 ICGLR（大湖区问题国际会议）区域认证机制的国家认证项目来进行。参见"the Vision for Responsible Artisanal and Small-Scale Mining in Alliance for Responsible Mining" (Echavarria, C. et. al. Eds.), (2008)、"The Golden Vein – A guide to responsible artisanal and small-scale mining"、" ARM Series on Responsible ASM No. 1. Medellin".

62 参见《ICGLR 区域认证手册》（2011）

63 参见《ICGLR 区域认证手册》（2011）的附件三和附件四

    ii)   从利益相关方多方委员会中选取代表成立评估团队，在这些参数的基础上对矿区进行评估，并将评估结果公之于众。

    iii)   来自利益相关方多方委员会的重点人物应该利用他们在当地的网络获取有关矿区、运输路线、金矿交易地点的最新信息。这些信息应存储在一个信息汇总中心，供各评估团队、政府机构、以及从这些地区采购的上游企业使用。

  b)   在考虑合适的矿区安全措施时：

    i)   宣传本《指南》，使安全武装对非法参与黄金开采、贸易、处理、出口所面临的刑事及其它处罚有所了解；并且

    ii)   与民间社会及国际组织酌情开展合作，为 ASM 群体、当地政府、以及公共或私人安全武装之间安保措施的正规化提供支持，确保所有款项均是自愿支付且与提供的服务成比例；阐明与《安全与人权自愿原则》、《联合国执法人员行为守则》、《联合国执法人员使用武力和火器的基本原则》相一致的参与原则。

2.   通过以下方式实现**经营正规化**[64]

  a)   了解现有小作坊生产和贸易体系缺乏正规化的原因，以便寻求促进和实现正规化的最佳策略。

  b)   为小作坊及小规模采矿者提供技术支持，帮助他们实现正规化。

  c)   认识到小作坊及小规模开采活动在类型和规模上存在多样性。

  d)   制定并参与合作计划以创建所需的模式，并提供资金支持协助正规化进程。[65]

---

64   参见 Felix Hruschka 和 Cristina Echavarría 所著的"Rock Solid Chances"； Alliance for Responsible Mining (2011)，请访问 http://www.communitymining.org/index.php/ en/arm-publications；大湖区，请参见参见 ICGLR 抵制非法开采自然资源的地区性倡议活动中的第四个工具，"小作坊开采部门的正规化"。

65   参见责任珠宝业委员会《标准指南》，"COP 2.14 小作坊采矿和小规模采矿"，其中列举出大规模采矿计划和 ASM 计划的下列机遇："提供技术和其他改进所需资金（贷款）；在一系列方面为矿主提供协助和培训（例如：职业健康、复垦、采矿及加工方法、增值流程、组织管理、财务管理、爆炸物管理等）；帮助矿主评估矿产储量（并支持他们获得融资）；提供应急响应服务；为矿主提供加工服务，或者通过技术革新帮助他们培养自主运行有效加工设备的能力；同政府部门、非政府组织、工会组织、国际机构保持联络以获得额外的支持；在市场营销、商业化方面提供指导，包括实现公平贸易；积极在 ASM 社区中支持替代生计、经济发展以及其他方面的改善；通过最大限度地利用当地资源提供产品和服务来为更广泛的社区提供支持；将杜绝童工作为参与到某一社区的前提条件；通过在 ASM 社区中提高性别意识、推行赋权项目来改善妇女的状况。"

3. **经营合法化。**[66] 通过合法程序，协助小作坊及小规模采矿者获得开采权以及其他相关授权。考虑通过其他监管措施使小作坊及小规模采矿者的经营合法化。当矿山开采权面临非法开采的挑战时，鼓励所有利益相关方积极促成开采权人与小作坊及小规模采矿者本着诚信原则开展建设性的对话。若出现权属争议，应通过与政府和其他利益相关方合作寻求仲裁解决方案。

4. **对贸易枢纽进行评估、定期绘制运输路线图：**

   a) 成立并参与由利益相关方多方委员会中选取的代表组成的评估团队（参见上文），并以上文制定的参数为基础，每年对黄金交易地点、运输路线进行评估。

   b) 为了避免任何潜在的污染，应在黄金的主要交易地点建设仓库，并维持安全。在考虑黄金交易地以及运输沿线适宜安全措施的过程中：

      i) 宣传本《指南》，使安全武装对非法参与黄金开采、贸易、处理、出口所面临的刑事及其它处罚有所了解；并且

      ii) 与民间社会及国际组织酌情展开合作，为 ASM 群体、当地政府、以及公共或私人安全武装之间安保措施的正规化提供支持，确保所有款项均是自愿支付且与提供的服务成比例；阐明与《安全与人权自愿原则》、《联合国执法人员行为守则》、《联合国执法人员使用武力和火器的基本原则》相一致的参与原则。

5. **建立追溯体系和/或产销监管链体系，确保货物安全，并且能够收集被评估矿区所有黄金的数据。** 建议在对矿区进行评估后，立即引入可靠的监管链体系或者追溯体系。产销监管链体系和/或追溯体系应逐步对被评估矿区运出的每批黄金的信息进行收集和保存。[67]

66　负责任的小作坊及小规模开采行为应遵守国家法律框架。当适用的法律框架未能得到执行，或缺少此类框架时，不仅应当考虑小作坊和小规模采矿者和企业在适用的法律框架内（若有此类框架的话）开展经营活动的诚信，还要考虑当正规化的机遇出现时他们能够积极地参与（多数情况下，小作坊和小规模采矿者根本不具备或具备非常有限的能力、技术力量、或充足的财力去完成正规化）。

67　请参见关于黄金的增补文件中的步骤二(C)，了解产销监管链体系和/或追溯体系中与不同矿产相关的部分应包括的具体信息。

6. **为以下活动提供资金支持：i) 利益相关方多方委员会对矿区、运输路线、黄金交易地点进行评估；ii) 产销监管链和/或追溯体系。**资金支持的形式可以多种多样，包括为各项计划直接提供支持，或为来自已经引入产销监管链和/或追溯体系的被评估矿区和运输路线的黄金提供特许费和保险费方面的支持。

7. **推广并参与各种项目，以具有竞争力的方式将来自被评估矿区的 ASM 黄金直接推向市场。**为被评估矿区作业的小作坊及小规模生产者与冶炼/精炼商之间进行接触和建立伙伴关系提供便利，通过安全的、经得起检验的运输路线将被评估矿区的黄金直接推向市场。

8. **支持建立一种申诉机制（与本增补内容步骤一(E)要求一致）**，并采取措施使的小作坊及小规模生产者能够运用这一机制，从而可以提警企业和政府当局注意与受冲突影响和高风险区域黄金开采、运输、贸易、处理、出口相关的问题。

9. **促进出口国和进口国海关当局之间的合作。**

经济合作与发展组织

是一个多国政府协力应对全球化带来的经济、社会、环境挑战的独特组织。同时，经合组织在研究和帮助各国政府应对公司管理、信息经济、人口老龄化挑战等新的发展和焦点问题方面也走在前列。该组织为各国政府比较政策经验、寻求常见问题解决方案、发现良好实践和协调国内外政策提供了一个平台。经济合作与发展组织的成员国有：澳大利亚、奥地利、比利时、加拿大、智利、捷克共和国、丹麦、爱沙尼亚、芬兰、法国、德国、希腊、匈牙利、冰岛、爱尔兰、以色列、意大利、日本、韩国、卢森堡、墨西哥、荷兰、新西兰、挪威、波兰、葡萄牙、斯洛伐克共和国、斯洛文尼亚、西班牙、瑞典、瑞士、土耳其、英国和美国。欧盟委员会也参与经合组织的工作。经合组织出版物广泛传播该组织在经济、社会、环境问题上的统计资料和研究成果以及成员国认可的公约、方针和准则。